法治建设与法学理论研究部级科研项目成果

KUAQUYU

郭大林◎著

跨区域
生态环境协同执法机制研究

KUAQUYU
SHENGTAI HUANJING XIETONG
ZHIFA JIZHI YANJIU

中国政法大学出版社

2021·北京

图书在版编目（CIP）数据

跨区域生态环境协同执法机制研究/郭大林著. —北京：中国政法大学出版社，2021. 12

ISBN 978-7-5764-0232-2

Ⅰ.①跨… Ⅱ.①郭… Ⅲ.①生态环境—环境保护—行政执法—研究—中国 Ⅳ.①D922.680.4

中国版本图书馆 CIP 数据核字(2021)第 274280 号

出 版 者　　中国政法大学出版社

地　　址　　北京市海淀区西土城路 25 号

邮寄地址　　北京 100088 信箱 8034 分箱　　邮编 100088

网　　址　　http://www.cuplpress.com（网络实名：中国政法大学出版社）

电　　话　　010-58908586(编辑部) 58908334(邮购部)

编辑邮箱　　zhengfadch@126.com

承　　印　　固安华明印业有限公司

开　　本　　880mm×1230mm　　1/32

印　　张　　7.5

字　　数　　180 千字

版　　次　　2021 年 12 月第 1 版

印　　次　　2021 年 12 月第 1 次印刷

定　　价　　49.00 元

目录

CONTENTS

一、研究缘起

2018 年，我国现行《宪法》进行了第五次修改，其中在序言中国家根本任务的部分增加了"生态文明"的表达，将原来的"推动物质文明、政治文明和精神文明协调发展，"修改为"推动物质文明、政治文明、精神文明、社会文明、生态文明协调发展，"由"三位一体"变为"五位一体"，同时还将"美丽"加入国家建设目标之中。国家以根本法的形式凸显了良好生态环境对于我国经济社会发展、人民生活改善的重要意义。"绿水青山就是金山银山"的表述，也将建设生态文明提高到一个全新的高度。在我国当前面临的生态环境问题中，跨区域生态破坏与环境污染呈现出多发的趋势。据统计，我国长江沿岸集聚着 40 余万家化工企业，并分布着五大钢铁基地、七大炼油厂，以及上海、南京、仪征等石油化工基地。这些企业和生产基地分布在不同的行政区域，一旦某个区域内发生污染事故极有可能沿流域扩散，演变为长江流域多个区域的严重生态环境问题。2007 年 5 月，太湖无锡水域暴发大规模蓝藻，位于太湖下游的嘉兴，成为污染最严重的地区。2013 年 3 月，上海黄浦江松江段水域出现大量漂浮死猪的情况，出现的漂浮死猪来自黄浦江上游的浙江嘉兴。2013 年 10 月，湖北宜昌市点军区长江支流再次发生死猪污染事件。2015 年 6 月，安徽沱湖遭遇大面积污染，污染源头是沱湖上游的泗县，但污染导致的结果是下游五河县鱼类等水产大量死亡，养殖户损失严重。京津冀及周边地区近年来一直为大气污染所困扰，2015 年 10 月 2 日至 7 日，京津冀及周边 11 个城市出现重污染天气，北京 PM2.5 达到严重污染水平；2016 年、2017 年、2019 年，该区域先后发生多次空气污染。[1] 由于这些问题本身的特点以及目前的生态环境管理体制，相较于区域内的生态环境治理，跨区域生态环境有效治理的难度更大，面临的障碍也更多。

跨区域生态环境问题之"跨区域性"意味着生态破坏、环境污染的影响范围超越了单个行政区划的限制，违法行为的发生地、途经地、结果地分属不同的区域。在空间上，环境区域跨越了行政区域的界限，同时也意味着，其构成了各个相关区域共同的公共行政对象，单纯依靠某个区域的政府及其环境保护主管部门无法克服危机，需要建立跨区域的生态环境治理机制。跨区域生态环境治理机制包含了规划衔接、会议协商、项目互通、信息资源共享、科研合作、纠纷解决、生态补偿以及协同执法等环节，从公共决策的过程看，规划衔接、项目互通、生态补偿属于决策前提，会议协商是决策的作出，信息资源共享、科研合作、纠纷解决则是决策的保障，而协同执法则是决策的执行，处于整个决策实施的关键环节，其在很大程度

---

〔1〕 张远航："排放强度大、气象条件不利 京津冀及周边地区近期将出现一次持续性大气污染过程"，载《中国环境报》2019 年 9 月 24 日。

上决定着跨区域生态环境治理绩效的高低。因此，本书以法学视角，就跨区域生态环境协同执法的理论与实践问题进行讨论，而之所以从法学的视角对这一主题展开讨论，原因有二：

其一，协同执法的法律制度供给尚有欠缺。我国目前的《环境保护法》[1]以及《大气污染防治法》等环境单行法皆原则性地规定了跨区域治理的联防联控或协调机制，内容较为宏观且大都没有直接规定协同执法的相关事宜。各地根据《环境保护法》和《大气污染防治法》等单行法制定的地方性法规中，有关协同执法的内容也不详细。"我国宪法和地方组织法中关于区域府际合作的具体规定几乎是空白，法律只明确了各级政府对其辖区内事务的管理以及上级机关在跨辖区事务管理中的角色，没有涉及区域地方政府间合作的问题，也没有涉及区域社会公共组织合作的问题。"[2]法律制度的缺失并未阻滞生态环境执法体制的改革步伐。2005年，中共中央、国务院印发《法治政府建设实施纲要（2015—2020年）》，要求改革行政执法体制，在资源环境领域推行综合执法。2016年，中共中央办公厅、国务院办公厅发布《关于省以下环保机构监测监察执法垂直管理制度改革试点工作的指导意见》（以下简称《垂改指导意见》），生态环境执法纵向体制开始试点省级以下垂直管理。2018年《宪法》修改后，中共中央公布《深化党和国家机构改革方案》，将生态环境综合执法改革细化，组建了生态环境部，要求整合环境保护和国土、农业、水利、海洋等部门相关污染防治和生态保护执法职责、队伍，统一实行生态环境保护执法。同

---

〔1〕《环境保护法》即《中华人民共和国环境保护法》。为表述方便，本书涉及的我国法律，均省去"中华人民共和国"字样，使用简称，全书统一，后不赘述。

〔2〕 石佑启、朱最新："论区域府际合作治理与公法变革"，载《江海学刊》2013年第1期，第120页。

年 12 月，中共中央办公厅、国务院办公厅印发的《关于深化生态环境保护综合行政执法改革的指导意见》（以下简称《综合执法指导意见》）规定了具体职权整合的范围与机构设置方式。上述改革措施主要针对区域内生态环境执法体制相关事项。2015 年，中共中央、国务院公布的《生态文明体制改革总体方案》要求建立污染防治区域联动机制；完善京津冀、长三角、珠三角等重点区域大气污染防治联防联控协作机制，建立区域协作机制；开展按流域设置环境监管和行政执法机构试点。2017 年 2 月，中共中央办公厅、国务院办公厅印发的《按流域设置环境监管和行政执法机构试点方案》提出了按流域设置环境监管和行政执法机构的措施。上述两个方案集中针对跨区域生态环境协同执法体制进行改革。

目前来看，跨区域生态环境协同执法改革尚处于起步与探索阶段，法律法规为协同执法提供了合法性基础，中央的政策为协同执法体制的建构指明了总体方向，但协同执法的一些问题，如中央和地方的权限划分，协同执法的形式、范围，能够协同的执法职权类型，协同主体法律责任的划分等均缺乏必要和较为详细的法律规定。此系笔者研究跨区域生态环境协同执法的原因之一。

其二，协同执法实践中的问题需要行政法理的回应。面对跨区域生态环境问题多发的态势，中央与京津冀、长三角等区域积极探索协同执法路径，形成了不同的执法模式。目前学界对这些协同执法模式进行了必要的研究，但缺乏以系统和比较的视野，对之进行整合性的归纳与总结。而更为重要的是，协同执法本身在行政法核心范畴上颇具独特之处，这些丰富多彩的实践，各地采取的措施构成了对旧有行政法理论的挑战，需要从理论上对可能的诘问进行回应。"传统行政法的空间维度以行政区划为中心，但是伴随着城市群为代表的区域一体化的发展，行政或治理超越了行政区划的边界，行政法需要进行结构性转型以为区域协调发展提供有效制度保障。"〔1〕

在行政法的功能上，传统的行政法理论认为，行政法是"控权法"，行政法的功能与宪法一致，意在控制行政权，立法机关通过制定法律防止行政机关恣意滥权，造成行政相对人权利的损害，因此行政法又被称为"活的宪法"。然而，此种观点无法有效回应现代公共治理难题，跨区域生态环境协同执法突破了行政区划的刚性约束，推动了行政法任务功能的现代性转向。现代行政法的功能需要由控制行政权力转向回应公共治理需求，迈向"回应型"行政法，跨区域生态环境协同执法体现了行政法功能的新变化。在行政组织法上，传统的行政主体关系被认为是内部行政法律关系，是一种基于行政级别的上下级的纵向关系，在这种关系中，"命令与服从"是行政主体间主要的行为方式，而在跨区域生态环境协同执法关系中，有些协同主体不具有上下级隶属关系，从而使其超越了传统行政主体间的关系模式，将"上级与下级""命令与服从"的内部法律关系进行了平等性的重塑。协同执法在主体资格、职权配置、行为方式、法律责任等方面都表现出不同的特点，不同区域的政府及生态环境保护主管部门通过协议处分行政职权是否合法？是否与依法行政、职权法定的基本原则存在张力？这些问题均需要行政法理的回应。在行政行为法上，一般的行政行为理论中，行政行为被类型化为行政处罚、行政许可、行政强制等具体类型，行政主体与行政行为之间具有严格的对应关系，行政主体应当按照法律规定的职权类型、范围、程序实施行政行为。

---

〔1〕 李洪雷："面向新时代的行政法基本原理"，载《安徽大学学报（哲学社会科学版）》2020年第3期，第86页。

在协同执法的语境下，执法包括了多种行政行为类型，而执法的实施则跨越了行政区域的限制，突破了行政管辖权的范围。如果将视野由区域行政转向跨区域行政即可发现，比之区域行政，跨区域生态环境协同执法对行政法有不同的意蕴与要求，执法行为具有主体复杂性、依据多元性、领域有限性，手段多样性等特点。因此，需要以区域行政法的维度对协同执法进行分析。此系笔者研究跨区域生态环境协同执法的原因之二。

在生态文明建设和行政执法体制改革的双重背景下，构造跨区域生态环境协同执法机制既是发展生态文明、建设"美丽中国"的题中之义，又是完善生态环境管理体制的重要内容。理论上，跨区域生态环境协同执法关涉环境法和行政法的诸多命题，现实中亦面临如何导入法治轨道的问题。因此需要就跨区域生态环境协同执法相关的理论与实践问题进行较为整体与系统性的研究。

二、研究状况

我国学界对跨区域生态环境协同执法的研究主要是从两个维度展开的：一是运用公共管理学视角，将这一主题置于区域公共治理的语境下展开；二是运用法学视角，对协同执法的理论与现实问题进行讨论。鉴于本书主要采用法学研究方法对跨区域生态环境协同执法展开研究，因此着重对相关法学研究成果进行梳理。

（一）跨区域生态环境协同治理的整体性研究

王俊敏、沈菊琴运用协同学理论，提出了区域水环境治理的协同路径，包括营造协同治理系统的开放性，从组织优化、利益共荣、政策协同、文化共识等方面计划系统的自主性，以及应构造系统控制参量的导引功能。[1]范俊玉主张，政府在区域生态治理中应当居于主导地位。在对江苏省昆山市的生态治理个案调查基础上，他认为我国在区域生态治理中存在"政府失灵"的问题，其原因包括政府能力不足、激励不足、权力滥用等，因而建议政府应积极运用政策工具，建立激励机制，扩大公众参与，加强法治建设以提升区域治理绩效。[2]向俊杰以主体—过程为分析框架，指出我国生态文明建设存在政府协同、市场协同、社会协同以及三者之间的协同问题。在此基础上，他从主体与过程两个维度提出了协同治理的措施。[3]杨志安、邱国庆研究了环境协同治理中财经合作的逻辑机制，指出应当从建立财政预算协同体系、构建财政合作收支体系、引入横向转移支付体系、完善多元主体利益协调机制等方面促进协同治理的实现。[4]李冰强认为，在区域生态环境协同治理中，由于"经济人"特性，地方政府在区域存在"集体行动的困境"，需要健全考核体系，完善问责制度。[5]胡中华认为，导致区域生态环境治理困境的原因包括治理主体的动机不足、能力不足、方法单一、问责机制缺乏等，需要针对不同问题采取相应的完善措施。[6]司林波、裴索亚则恰好讨论了问责机制的问题，他

〔1〕 王俊敏、沈菊琴："跨域水环境流域政府协同治理：理论框架与实现机制"，载《江海学刊》2016年第5期，第214~219页。

〔2〕 范俊玉：《区域生态治理中的政府与政治》，广东人民出版社2011年版。

〔3〕 向俊杰：《我国生态文明建设的协同治理体系研究》，中国社会科学出版社2016年版。

〔4〕 杨志安、邱国庆："区域环境协同治理中财政合作逻辑机理、制约因素及实现路径"，载《财经论丛》2016年第6期，第29~37页。

〔5〕 [5]李冰强："区域环境治理中的地方政府：行为逻辑与规则重构"，载《中国行政管理》2017年第8期，第30~35页。

〔6〕 胡中华："关于完善环境区域协同治理制度的思考"，载《法学论坛》2020年第5期，第29~37页。

们通过考察美国、英国、日本的生态环境协同治理绩效问责过程，指出我国应当在完善法律制度的基础上，建立跨区域治理机构，明确责任主体，完善协调机制，健全绩效评估机制，注重结果反馈。[1]

(二) 跨区域生态环境协同治理典型地区实践研究

京津冀、长三角、黄河流域等地区较早开始了生态环境协同治理的实践探索，形成了较为丰富的经验。部分学者将视角聚焦于这些典型地区进行了研究。

（1）有关京津冀区域的生态环境协同治理。马海龙的著作分析了京津冀区域治理的历史与现状，认为观念制约、规划缺位、体制约束是区域治理进一步发展的制约因素，并在分析发达国家典型案例的基础上，提出了区域协调机制的完善措施。[2]王凤鸣等的著作探究了政府制度创新对京津冀协同发展的作用，重点分析了京津冀协同治理的组织保障、政策过程、利益协调和法治协调机制的构造问题。[3]周悦丽主张从强化立法规范、加强顶层设计、成立协调机构、订立框架协议等方面完善京津冀执法协同机制。[4]就区域生态环境治理中的纵向管理体制，冯汝主张应当合理划分中央与地方的行政权责，同时明晰横向政府间的权力关系。[5]李珲、包晓斌指出，协同组织的结构性效能发挥有限，协同主体多元性、形式的多样性不够，协同的

〔1〕 司林波、裴索亚："跨行政区生态环境协同治理的绩效问责过程及镜鉴——基于国外典型环境治理事件的比较分析"，载《河南师范大学学报（哲学社会科学版）》2021年第2期，第16~26页。

〔2〕 马海龙：《京津冀区域治理：协调机制与模式》，东南大学出版社2014年版。

〔3〕 王凤鸣等：《京津冀政府协同治理机制创新研究》，人民出版社2018年版。

〔4〕 周悦丽："整体政府视角下的京津冀区域执法协同机制研究"，载《首都师范大学学报（社会科学版）》2017年第4期，第65~72页。

〔5〕 冯汝："跨区域环境治理中纵向环境监管体制的改革及实现——以京津冀区域为样本的分析"，载《中共福建省委党校学报》2018年第8期，第56~64页。

主动性、效果持续性不足是京津冀大气污染协同治理的困境。[1]

（2）有关长三角区域的生态环境协同治理。刘晓斌的著作分析了长三角大气污染环境协同治理的法律基础、经济技术基础、人文社会基础，并在比较国内外经验的基础上，从纵向协同治理、横向协同治理、多源协同治理以及预防与协同治理几个方面提出了长三角协同治理的完善建议。[2]马捷、锁利铭通过分析长三角城市环境协同治理的府际协议，指出该地区治理网络结构呈现如下特征：一是双核领导的中心协调结构基本稳定；二是次中心城市不断替代核心城市主导区域环境合作治理；三是小圈子合作以互惠型和三角型的模式展开。[3]吴建南等以"结构—过程"为分析模型，指出长三角区域大气污染协同治理机制取得了效果，形成了包含"决策层、执行层、保障层"多层次的结构性机制和涉及"确定议程、制订方案、政策执行、政策评估"多阶段的过程性机制，从而降低了交易费用与合作风险。[4]王芳指出长三角地区具有跨界环境风险的突发性、高危性、人为制造性、不确定性及其极易引发风险冲突和社会放大效应的独特性本质。因此，应当着力培育区域环境风险合作新文化，构建环境风险共担、环境利益共享的新型环境利益协调

〔1〕　李肆、包晓斌："京津冀地区大气污染协同治理的实践困境及其破解路径"，载《改革》2021年第2期，第146~155页。

〔2〕　刘晓斌：《协同治理：长三角城市群大气环境改善研究》，浙江大学出版社2018年版。

〔3〕　马捷、锁利铭："城市间环境治理合作：行动、网络及其演变——基于长三角30个城市的府际协议数据分析"，载《中国行政管理》2019年第9期，第41~49页。

〔4〕　吴建南等："中国区域大气污染协同治理机制何以奏效？来自长三角的经验"，载《中国行政管理》2020年第5期，第32~39页。

机制，建立和完善环境风险治理的网络体系。[1]

（3）有关黄河流域的生态环境协同治理。周伟认为地方政府是我国生态环境职能的主要履行者和生态环境治理的关键力量，协同推进黄河流域生态环境大治理，需要推动流域内地方政府的协同治理，实现流域内地方政府在黄河流域生态保护中的全面、充分、有序协同，必须从组织、制度和机制三个主要方面完善政府协同治理体制机制。[2]林永然、张万里认为黄河流域协同治理存在碎片化及规则不统一的问题，应当进行整体流域规划，推进协同监管，加强区域沟通，完善治理体系，强化法制保障等。[3]李景豹则对黄河流域司法协同治理进行了分析，主张以黄河流域环境司法专门化建设作为着力点，创新黄河流域环境司法协作机制，进行黄河流域生态环境的司法协同保护和治理。[4]

上述研究既有对协同治理宏观层面的分析，也有对财经协同、司法协同等具体问题的关注，均对协同治理面临的问题进行了剖析，提出了协同治理机制完善的措施。

（三）生态环境执法一般性问题的研究

（1）有关行政执法的研究。作为一种行政法现象，行政执法较早地进入了行政法学者的研究视野，并且研究成果较为丰富。姜明安对行政执法的概念、功能与作用，行政执法的体制

---

〔1〕 王芳："冲突与合作：跨界环境风险治理的难题与对策——以长三角地区为例"，载《中国地质大学学报（社会科学版）》2014年第5期，第78~85页。

〔2〕 周伟："黄河流域生态保护地方政府协同治理的内涵意蕴、应然逻辑及实现机制"，载《宁夏社会科学》2021年第1期，第128~136页。

〔3〕 林永然、张万里："协同治理：黄河流域生态保护的实践路径"，载《区域经济评论》2021年第2期，第154~160页。

〔4〕 李景豹："论黄河流域生态环境的司法协同治理"，载《青海社会科学》2020年第6期，第94~103页。

与主体，行政执法的原则等本体论问题进行了研究。[1]肖金明、冯威则以过程论的视角进行剖析，认为行政执法过程规范需要在秩序性、良善性方面进行建设，并对一般的行政执法程序，以及包含环境执法在内的特殊执法程序进行了设计。[2]马怀德对行政执法体制进行了顶层设计，认为应当减少行政执法层级，加强基层执法力量，整合执法主体，推进综合行政执法，加强行政执法监督。[3]莫于川等在其著作中将协同执法作为行政执法新思维的重要内容，并阐释了其法理基础、域外经验和制度设计。[4]夏云峰的著作以行政执法为核心范畴，对行政执法的组织、相对人、依据、根据、证据、程序等进行了较为系统和全面的阐释。[5]上述研究对行政执法进行了整体性探讨，研究内容涉及行政执法的一般法理，讨论了实体和程序法制的宏观问题，为部门执法研究奠定了基础。

（2）有关环境保护行政执法的研究。作为一个环境法与行政法的共同命题，生态环境执法首先为环境法学者所关注。蔡守秋即著有《环境行政执法和环境行政诉讼》一书，较早对环境行政执法问题进行了研究。随后，朴光洙、刘定慧、马品懿编著的《环境法与环境执法》对环境保护行政执法的基本原则、主体资格、组织形态、执法证据、执法程序等问题进行了探讨，提出了环境保护行政执法的总体理论构架和实践进路。黄锡生、王江认为执法依据不足，执法体制地方性差异明显，执法监督机制不健全构成了中国环境执法的主要障碍，并在此基础

---

〔1〕 姜明安主编：《行政执法研究》，北京大学出版社 2004 年版。

〔2〕 肖金明、冯威主编：《行政执法过程研究》，山东大学出版社 2008 年版。

〔3〕 马怀德："健全综合权威规范的行政执法体制"，载《中国党政干部论坛》2013 年第 12 期，第 28~31 页。

〔4〕 莫于川等：《行政执法新思维》，中国政法大学出版社 2017 年版。

〔5〕 夏云峰：《普通行政执法学》，中国法制出版社 2018 年版。

上提出了提高立法质量、健全执法机构、强化配套制度等完善措施。[1]王树义、郑则文主张环境执法机构应对区域环境保护工作实施"统一监督",合理划分环境执法机构层级职责与事权。按照级别管辖与属地管辖相结合,以属地管辖为主的原则进行设置。同时应结合区域、流域环境监管特点设置跨区县的环境执法机构。[2]胡苑认为改进环境执法困境需要一体化考虑立法、执法与司法之间的动态联系,在保留基础性基线威慑的情况下,通过执法环节的柔性执法和促进环境案件进入司法环节,借用非正式规制机制,促成弥合多重利益冲突的低成本规则的形成。[3]孙畅集中讨论了垂直管理体制改革的法治走向,认为应立法明确各部门的权、义、责,规范执法程序机制,建立纵向综合协调执法机制和横向多元联合机制。谭溪指出条块矛盾、监督无力、协同不畅是垂直管理体制改革必须解决的难题。[4]李爱年、陈樱曼分析了目前生态环境保护综合行政执法存在的执法范围不明晰、执法管理体制不完善、执法队伍结构不合理等现实困境,并提出了解决措施。[5]高利红、徐玺则从比例原则的角度分析了环境执法的问题,主张完善环境行政执法的程序性规制、非强制性机制、保障公众参与,促进环境行政执

---

〔1〕 黄锡生、王江:"中国环境执法的障碍与破解",载《重庆大学学报(社会科学版)》2009年第1期,第81~84页。

〔2〕 王树义、郑则文:"论绿色发展理念下环境执法垂直管理体制的改革与构建",载《环境保护》2015年第23期,第12~15页。

〔3〕 胡苑:"论威慑型环境规制中的执法可实现性",载《法学》2019年第11期,第152~164页。

〔4〕 谭溪:"我国地方环保机构垂直管理改革的思考",载《行政管理改革》2018年第7期,第34~39页。

〔5〕 李爱年、陈樱曼:"生态环境保护综合行政执法的现实困境与完善路径",载《吉首大学学报(社会科学版)》2019年第4期,第95~103页。

法的规范化。[1]上述研究除关注生态环境行政执法的一般问题外，同时聚焦于垂直执法和综合执法体制改革的法理基础与法治实践，研究视角更为集中，问题探讨更为深入。

（四）跨区域生态环境协同执法研究

（1）有关法律和法理基础的研究。跨区域生态环境协同执法突破了行政区域限制，挑战了既有的行政法理论，许多学者从法律规范和法学理论层面对此进行了剖析。公丕祥认为区域法治适应了区域法治的现实需求，是探索法治发展的中国道路的必然要求，也是实现区域社会治理现代化的有效途径。[2]肖爱、李峻主张区域环境治理内在地要求实行"协同法治"，区域环境"协同法治"的基本法理包括其核心内涵和基本要素两方面。[3]李煜兴认为跨区域行政的兴起引发了行政法任务、调整范围的变化，区域协作行政应成为政府公共治理的新方式。[4]刘云甫、朱最新认为区域府际合作的法治化产生了区域行政法，区域行政法不仅要遵循行政法的基本原则，还要遵循区域非主权原则、区域多元平等原则、区域利益均衡原则等有关原则。区域行政法框架体系应当包括区域行政主体制度、区域行政行为制度、区域行政监督救济制度三个部分。[5]叶必丰主张区域协同行动的类型主要有区域共同行政行为、区域性职务协助行

---

〔1〕 高利红、徐玺："比例原则视角下环境行政执法规范化研究——以环境保护查封、扣押为切入点"，载《东南学术》2021年第3期，第27~35页。

〔2〕 公丕祥："法治中国进程中的区域法治发展"，载《法学》2015年第1期，第3~11页。

〔3〕 肖爱、李峻："协同法治：区域环境治理的法理依归"，载《吉首大学学报（社会科学版）》2014年第3期，第8~16页。

〔4〕 李煜兴："区域行政的兴起与行政法的发展变迁"，载《武汉大学学报（哲学社会科学版）》2018年第4期，第138~144页。

〔5〕 刘云甫、朱最新："论区域府际合作治理与区域行政法"，载《南京社会科学》2016年第8期，第82~87页。

为和链条式行政行为，然而它们又分别面临着地域管辖权、动力机制和法律救济方面的挑战，因而需要放松对地域管辖权的要求，构建利益共享机制和公众参与机制，通过协商或协调处理协同纠纷。[1]叶必丰在另一篇论文中分析了区域合作的现有法律依据，并通过梳理将区域合作条款概括为选择性模式、程序性模式和授权性模式三种类型。[2]

（2）有关跨区域生态环境协同执法体制的研究。一是整体性研究。金国坤认为跨区域环境执法是解决管理"碎片化"问题的重要措施，因此应当树立政府主体责任理念，实现行政协调的法治化，建立纵向无缝隙衔接、横向跨区域跨部门协作机制，通过行政程序立法确立行政协助、权限争议裁决程序制度。[3]王超锋认为我国区域环境执法已经形成整合、督政、合作三种模式，在比较优劣基础上，他指出应从主体、客体和保障机制方面对执法体制加以完善。[4]杨小敏认为流域环境行政执法是一种新的区域环境保护模式，其具有权限配置单一性、管辖事项全面性、执法机构权威性、执法程序和评价标准统一性的特点。[5]邓小兵认为跨部门环境执法与跨区域环境执法虽有不同，但不能截然分开，而是应进行整合与协调，改变既往的单一执法部门之间的跨区域配合，建立跨区域环境资源行政执法更为

---

〔1〕 叶必丰："区域协同的行政行为理论资源及其挑战"，载《法学杂志》2017年第3期，第79~89页。

〔2〕 叶必丰："区域合作的现有法律依据研究"，载《现代法学》2016年第2期，第30~42页。

〔3〕 金国坤："行政执法机关间协调配合机制研究"，载《行政法学研究》2016年第5期，第14~23页。

〔4〕 王超锋："我国区域环境执法的模式探究"，载《甘肃政法学院学报》2017年第6期，第90~103页。

〔5〕 杨小敏："论我国流域环境行政执法模式的理念、功能与制度特色"，载《浙江学刊》2018年第2期，第121~129页。

稳定的长效机制。[1]二是具体问题的研究。行政协议是跨区域生态环境协同执法的重要形式。熊文钊、杨爱平、汪建昌、张祺等学者围绕跨区域行政协议的行政法定位、特点、效力、可诉性等法理问题展开了论争。何渊、叶必丰则集中讨论了跨区域行政协议的背景、缔结、内容、履行、纠纷解决等问题。关于跨区域行政协议的定性，则存在"行政合同说""软法说""法律规范性文件说"等相异观点。通过区域性立法建立环境合作执法机制是另一种跨区域执法形式。曾娜主张区域环境立法应在方案设计上参考辅助性原则，以上级政府主导为近程，以区域内政府间的平行合作为远程，并明确协同立法与行政协议的分工，以区域环境治理责任的清晰界定为切入点，构建区域间的利益平衡机制。[2]肖萍、卢群提出以缔结契约的形式实现跨区域环境治理立法的主张，并从立法名称、效力等级、缔结主体、缔结程序等方面提出了具体举措。[3]

在域外学者的视野中，跨区域生态环境协同执法并非一个独立的命题，其常常被置于公共管理学对"整体政府"（或称"整体治理""协同政府"）的研究之中。"整体政府"理论是针对传统官僚制以及"碎片化"政府管理模式所进行深刻反思之结果。安德鲁·邓西尔在《整体性治理》一文中最早提出了"整体性治理"这一概念。他提出，整体性治理本质上强调的是整体主义观念，即不能孤立地就问题谈问题，而应从整体角度来

---

〔1〕　邓小兵："跨部门与跨区域环境资源行政执法机制的整合与协调"，载《甘肃社会科学》2018年第2期，第182~187页。

〔2〕　曾娜："从协调到协同：区域环境治理联合防治协调机制的实践路径"，载《西部法学评论》2020年第2期，第55~63页。

〔3〕　肖萍、卢群："跨行政区协同治理'契约性'立法研究——以环境区域合作为视角"，载《江西社会科学》2017年第12期，第173~181页。

看待问题和解决问题。[1]随后，佩里·希克斯与其他学者合作，相继完成《圆桌中的治理：整体性政府的策略》《迈向整体性治理：新的改革议程》两部著作。前书的重要贡献是将整体性政府理念演变为具体的行动策略。该书指出，由于新公共管理过度强调分权和职能划分而产生了碎片化治理的问题，对于政策、顾客、组织以及部门间在目标与执行机制上的冲突等问题，最佳的解决途径就是整合、构建整体性政府。[2]后书提出并全面论述了整体性治理模式，将"整体性政府"研究转向了"整体性治理"研究。该书极大地拓展和深化了整体性治理的研究广度和研究深度，对诸如碎片化政府、棘手问题、整合与协调等问题都进行了具体阐释。[3]尤金·巴达赫在其著作《跨部门合作：管理"巧匠"的理论与实践》中，系统整理了英国协同政府的改革实践，提出了跨部门协同的"巧匠"理论，以寻求一种具有整合性、协同性及创造性的现代化管理理念。[4]克里斯多夫·波利特认为建立整体性政府需要消除不同政策之间的矛盾，以增加政策的效力，并应整合稀缺资源，整合特定政策领域的不同利益主体，增进协作。[5]汤姆·克里斯滕森认为整体性政府的含义很广，包括中央行政部门不同政策领域之间日益增加的横向协作、部委与其代理机构之间的内部纵向协作以及

---

〔1〕 Andrew Dunsire, "Holistic Governance", *Public Policy and Administration*, 1 (1990), pp. 34~45.

〔2〕 Perri 6 et al., *Governing in the Round: Strategies for Holistic Government*, London: Demos, 1999.

〔3〕 Perri 6 et al., *Towards Holistic Governance: the New Reform Agenda*, Palgrave, 2002.

〔4〕 ［美］尤金·巴达赫：《跨部门合作：管理"巧匠"的理论与实践》，周志忍、张弦译，北京大学出版社 2011 年版

〔5〕 Patrick Dunleavy, *Digital Era Governance: IT Corporations, the State, and E-Government*, Oxford: Oxford University Press, 2006.

地方机构在提供公共服务时进行的协作，所有这些都旨在规范与提高服务的绩效、效益与效率。[1]发达国家根据自身实际对"整体政府""协同政府"进行了积极的探索和有益的尝试，其学者的相关研究在内容、方式、视角等方面都较为丰富，有力地推动了新公共管理学的范式更新，以及公共行政领域中合作治理、网络化治理、整体性治理的实践转向。

目前我国学界对跨区域生态环境协同执法问题的关注还不够，基于行政法学的专门研究并不丰富，行政法理阐释难言全面，具体语境剖析亦有待深入，不能仅仅停留在政策解读和现状分析之上。因此，以行政法视角对这一问题进行较为体系性的研究，一方面可以疏解行政与法理的张力，证成跨区域生态环境协同行政执法的适法性与容许性，解释其引发的行政行为法、行政组织法变迁，拓展对既有行政法学、公共管理学的学理认识与研究视野。另一方面能够明确我国当前协同执法机制运行的法制现状、实践困境，获得典型地区协同执法的经验。在法理分析与实践观照的基础上，提出跨区域生态环境协同执法法治化的具体进路，对化解协同执法难题、推进环保管理体制改革、克服区域性生态环境问题、推进生态文明建设有所助益。

三、研究内容

本书基于新时代生态文明建设以及行政执法体制改革的双重背景，围绕"跨区域生态环境协同执法"这一研究主题，依循"研究缘起—实践观照—学理审视—障碍辨析—进路探索"

---

[1] [挪威] Tom Christensen, Per Lægreid："后新公共管理改革——作为一种新趋势的整体政府"，张丽娜、袁何俊译，载《中国行政管理》2006年第9期，第83~90页。

的理路展开讨论，具体的研究内容如下：

第一，跨区域生态环境协同执法的逻辑基础。概念整梳是研究的逻辑起点。就行政法学视角，行政执法、生态环境行政执法、跨区域生态环境协同执法具有不同的意涵。跨区域生态环境协同执法系跨越行政区的生态环境保护主管部门，为化解区域性生态环境问题，建立协同关系，实施多种行政行为的执法样态。其具有价值理念上的协同性、法律关系上的内部性、主体间关系的平等性、权力运行上的合意性等特征。生态环境问题在自然属性和经济学属性上具有公共性特点，前者指行政区域与环境区域之间的跨空间、非重合特点，后者指生态环境属于公共物品，具有非竞争性和非排他性特点。我国生态环境执法体制在纵向、横向、内部三个维度上存在着分散型配置的现实样态，此种分散型执法难以有效应对跨区域的公共性议题。因为分散型执法在法律赋权、执法决策、执法过程、执法保障等方面存在碎片化的问题。生态环境问题的公共性和现行生态环境执法的弊端构成了协同执法的现实基础。

第二，跨区域生态环境协同执法的实践模式。面对日益严峻的区域性生态环境问题，从中央到地方的各级政府逐步认识到生态环境问题的跨区域性特征，并展开了协同执法的实践探索。就目前来看，各地采取的协同执法可以概括为合作执法、督察执法、专门机构执法三种模式。合作执法模式以京津冀的联动执法、长三角的联合执法为典型实例；督察执法模式以近来发挥中央作用的中央环境保护督察为典型实例；专门机构执法则以中央设立的各流域管理局，江西、福建设立的流域执法机构为典型实例。这三种模式在不同程度和不同维度上打破了区域行政的限制，回应了跨区域生态环境治理的难题，是我国建立跨区域生态环境协同执法机制的有益尝试。通过比较可以发现，这三种模式在协同依据、组织载体、执法权限、执法对象、执法程序等方面呈现出共性与个性并存的局面。

第三，跨区域生态环境协同执法的法理审视。协同执法是化解区域性生态环境问题的有效方式，但改革本身构成了对旧有行政法理论的挑战，如跨区域协同执法的机构设立，联合执法、交叉执法等具体协同措施均需要获得法理上的正当性。因此，需要借助区域行政法的概念分析协同执法涉及的组织法和行为法的法理问题。在区域行政法视角下，行政法的任务功能应实现现代性转向，行政主体关系应进行合作型重塑、区域利益应加以整体性平衡。在组织法层面，需要对职权法定进行更为宽泛的理解，不应恪守严格规范主义解释范式，而应遵循功能主义法治观对职权法定进行修正性解释，从而解决协同执法与职权法定之间的张力。在宽泛的职权范围内，不违反立法的原则、精神和规则以及一般法理，符合一定的行政目的，具备完成一定行政任务的跨区域协同执法即合乎职权法定原则。在行为法层面，协同执法是一种"区域行政行为"，其与传统的行政行为有所不同。协同执法虽然突破了行政区域管辖权，但协同主体有通过行政协议、行政委托就执法事项、权限进行处理的权力，也有处分行政管辖权的权力，因此仍然为行政法所容许。

第四，跨区域生态环境协同执法的内外障碍。尽管合作执法、督察执法、专门机构执法三种协同执法模式在很大程度上解决了分散型执法带来的弊端，在跨区域生态环境治理上发挥了重要作用，取得了积极效果，但协同执法仍然面临一些障碍。一方面，协同执法法律规范欠缺，既有的规则存在同质化和相互冲突的问题。而且，条块分割的行政管理体制也使得生态环境保护主管部门处于"双重领导"的张力之中，难以形成有效的协同关系，而作为"经济人"的政府部门，在利益冲突与高额成本的作用下又陷入协同执法的"囚徒困境"之中。这些构成了协同执法的外部障碍。另一方面，当前的合作执法、督察执法、专门机构执法模式自身也存在不足，其为协同执法的内部障碍。协同执法的内外障碍需要从宪法确立的单一制国家结构形式及地方府际关系的角度加以解释并寻求突破。

第五，跨区域生态环境协同执法的法治进路。跨区域生态环境协同执法是突破行政区域、部门职权约束，化解跨区域生态环境问题的有效方式，具备法理上的正当性与现实上的适当性。然而，作为公共治理和区域行政的一种新生事物，协同执法机制的构造需要依循法治轨道，按照区域法治的基本原则和要求进行探索与实践。在整体上，协同执法需要恪守行政法治的基本原则；法律应对重要事项加以规范，并且这些规范应当具有稳定性；执法过程应当尊重法律的权威，避免明显的违法性。在宏观上，协同执法需要形成规则基础，国家和地方立法应各有侧重，针对不同的内容进行立法。从行政组织法视角看，协同执法机制存在于一个纵向、横向、内部组织构成的立体空间之中，法律需要对这三种组织关系进行重塑，以满足区域公共行政的需求。在微观上，目前的合作执法、督察执法、专门机构执法三种模式存在各自的问题，需要针对性地加以完善。

CHAPTER 01

跨区域生态环境协同执法的逻辑基础

一、概念整梳：协同执法的逻辑起点

（一）行政执法

执法，仅就其字面意思而言，是指法律的执行，在最广泛意义上，执法是相对于立法而言的，即国家机关依照法律规定和程序，将立法机关制定之法律付诸实施的活动。此处的"国家机关"包含行政机关、司法机关在内的负有法律执行职责的所有公权力机关。在较广泛意义上，执法特指行政机关在行政管理中实施法律的活动，此时的执法即为行政执法。"行政执法是行政机关执行法律的行为，是主管行政机关依法采取的具体的直接影响相对一方权力义务的行为；或者对个人、组织的权利义务的行使和履行情况进行监督检查的行为。"[1]在此种语境下，行政执法，属于法的实施的一个环节，与立法、司法、守法共同构成了法律的整个实施过程。据此，执法被限定为行政机关的活动，包含行政机关进行的行政立法等抽象行政行为和行政裁决等行政司法行为，内涵仍然较为广泛。在狭义上，执法是指行政机关依照法律规定的职权和程序，实施的具体执行

---

[1] 姜明安主编：《行政执法研究》，北京大学出版社 2004 年版，第 7 页。

法律的行为。此时的执法排除了行政立法等抽象行政行为，主要指行政法中的具体行政行为。但此处的"具体"与具体行政行为中的"具体"强调的侧重点有所不同，后者从行为法的角度，强调行政相对人和事项的特定性，而前者从组织法的角度，强调执法的主体、依据、职权的具体性。因此，有学者将行政执法定义为"行政执法组织为实现法律秩序，主要是行政法律秩序，履行行政执法职责职权而进行的管理、服务和控制社会的具体行政活动"。[1]理论和实务中，人们通常在第三种意义上使用"执法"或"行政执法"的表达，用以概括行政机关所采取的行政处罚、行政许可、行政强制、行政检查等具体行政行为，以及行政指导等行政事实行为。[2]此时的执法，其外延要广于具体行政行为。理论上，行政执法的成立应当具备一定的特征：

首先是法定性。按照依法行政原则，"法无授权不可为"，行政机关只有经法律明文规定或者授权才能实施行政执法行为，法定性是行政执法成立的前提和基础。行政执法的主体、对象、权限、内容、程序等均需要由法律法规规定或者授权，否则行政机关不可能拥有执法权，也不可能行使执法权。同时，法律也构成了执法行为的限制，这些限制不仅包括实体上的职权范围（执法权限），也包括执法的过程、环节和流程（执法程序）。行政执法正是通过行使法律规定的职权从而对相对人产生直接影响，发生法律效力，实施行政管理，最终达到执行落实

---

〔1〕 夏云峰：《普通行政执法学》，中国法制出版社2018年版。

〔2〕 行政事实行为是一个极其复杂的行政法律现象，目前尚无统一的概念。章剑生认为，行政事实行为是行政机关实施的，影响或者改变行政相对人法律状态的一种行政行为。行政事实行为不具有意思表示要件，不产生特定的法律效力，这是其与具体行政行为的重要区别。参见章剑生：《现代行政法基本理论》，法律出版社2008年版，第346页。

法律规定的效果。

其次是对外性。行政执法的指向是外部的行政相对人，而非执法主体内部，形成的是一种执法主体与执法相对人的外部法律关系。行政执法主体通过执法行为对相对人的权利义务发生作用力，产生法律效力，建立起管理与被管理、服务与被服务、控制与被控制的双方或多方法律关系。因此，行政主体针对内部行政实施的行为不属于行政执法行为。以生态环境行政执法为例，一方面，生态环境执法部门采取的单方决策行为，如编制环境规划，制定国家环境质量标准、污染物排放标准，划定生态保护红线等行为，因其并不直接对相对人发生作用力而不属于行政执法行为。另一方面，生态环境执法部门对内部机关或公职人员实施的监督管理行为也不属于行政执法行为，而是行政监察行为。如《环境保护法》第68条规定的对负有环境保护监督管理职责的部门采取的处分措施即属于行政监察。[1]需要指出的是，原环境保护部制定的《环境监察办法》将环境行政监察与环境行政执法的概念同样对待，许多地方的生态环境执法机构也冠以"监察执法局""监察执法大队"的名称，而从2016年中央下发的《垂改指导意见》来看，环境行政监察与环境行政执法的含义应当有所不同，[2]上述立法和环保机构命名方式应当予以修正。

---

〔1〕这些行为尽管不属于生态环境执法行为，但与执法行为密不可分，构成了执法前端、后端的重要环节，是协同执法机制建构应当予以考虑的内容。因此，本书在第五章中将之作为完善协同执法法治进路的内容加以讨论。

〔2〕《垂改指导意见》第三部分第（七）段规定，加强环境监察工作。试点省份将市县两级环保部门的环境监察职能上收，由省级环保部门统一行使，通过向市或跨市县区域派驻等形式实施环境监察。经省级政府授权，省级环保部门对本行政区域内各市县两级政府及相关部门环境保护法律法规、标准、政策、规划执行情况，一岗双责落实情况，以及环境质量责任落实情况进行监督检查，及时向省级党委和政府报告。

综上，本书认为，行政执法系指行政执法主体对外部行政执法相对人实施的影响其权利义务，具有法律效力的具体行为。

（二）生态环境行政执法

在一般意义上，行政执法包括多种行政行为，但具体的行为类型应当于具体领域内的执法部门进行考察。就本书讨论的生态环境执法而言，执法的外延就十分广泛。对生态环境保护执法外延的考察可从两个维度展开：一是以执法对象或事项为参照，凡是属于生态环境保护领域内事项的执法活动均包含在内，无论属于何种执法主体；二是以执法主体为参照，考察生态环境保护主管部门所有的执法权限以及针对的执法对象，即以生态环境保护主管部门为基点，考察具体的执法对象、权限等内容。根据我国《环境保护法》第2条，凡是影响人类生存和发展的各种天然的和经过人工改造的自然因素均属于"环境"的范畴，具体包括大气、水、海洋、土地、矿藏、森林、草原、湿地、野生生物、自然遗迹、人文遗迹、自然保护区、风景名胜区、城市和乡村等生态环境要素。从该条来看，生态环境执法可能涉及的对象十分广泛，且关涉多个部门的执法职权，如果以执法对象为参照，很难考察清楚。所以，第二种视角相比而言具有较强的确定性。另外，2018年，中共中央印发了《深化党和国家机构改革方案》（以下简称《方案》），《方案》要求生态环境保护领域实施综合执法，即执法体制由各部门"分散型执法体制"变为"综合性执法体制"。根据《方案》，国务院在整合环境保护、国土、农业、水利、海洋等部门相关污染防治和生态保护执法职责基础上组建了生态环境部，下设生态环境执法局，地方层面的相应改革也逐步展开，在整合了上述部门的执法职责、队伍基础上，地方政府成立了各自的生态环境执法部门，由其实施综合执法。[1]考虑到上述因素，本书采取第二种视角，在执法主体确定为生态环境执法部门的前提下，对生态环境行政执法的对象与职权进行考察。

1. 生态环境行政执法对象

总体而言，生态环境行政执法对象包括污染防治执法和生态保护执法，其中污染防治执法是指生态环境执法部门为防范和治理环境污染而采取的行为。生态保护执法则是指生态环境执法部门针对破坏自然生态系统的水源涵养、防风固沙、生物栖息等服务功能和损害生物多样性而采取的执法行为。根据2018 年中共中央发布的《综合执法指导意见》，整合生态环境执法部门职责，其具体执法对象包括：原环境保护部门的污染防治、生态保护、核与辐射安全问题；海洋部门的海洋、海岛污染防治和生态问题；国土部门的地下水污染，因开发土地、矿藏等造成的生态破坏问题；农业部门的农业面源污染问题；水利部门的流域水生态环境问题；林业部门的自然保护地内进行非法开矿、修路、筑坝、建设造成的生态破坏问题。与改革之前相比，当前的生态环境行政执法对象大为扩展，涵盖了大部分对生态环境要素的污染与破坏行为。

2. 生态环境行政执法权限

目前，规范我国生态环境行政执法的依据主要包括《环境保护法》这一生态环境保护基本法与《水污染防治法》等生态环境保护单行法，它们主要规定了执法的对象、权限等实体性内容。《行政处罚法》《行政许可法》《行政强制法》等行政行为

---

[1] 根据《方案》，整合后的生态环境综合行政执法职责包括：原环境保护部的职责，国家发展和改革委员会的应对气候变化和减排职责，原国土资源部的监督防止地下水污染职责，水利部的编制水功能区划、排污口设置管理、流域水环境保护职责，原农业部的监督指导农业面源污染治理职责，原国家海洋局的海洋环境保护职责，原国务院南水北调工程建设委员会办公室的南水北调工程项目区环境保护职责。

法则规定了执法的程序性内容。可见，这些法律规定共同构成了生态环境行政执法的法律体系，细化了行政执法的具体内容。通过梳理上述立法，从行政法的视角，可以将生态环境行政执法的具体权限总结如下：

第一，生态环境行政许可。生态环境行政许可是指行政机关基于生态环境保护需要，经依法审查后，准许其从事特定活动的权力。生态环境保护行政许可权又可细分为以下几类：一是污染防治类许可。此类许可的目的在于通过许可防止可能产生的环境污染，且在水、大气、环境噪声等污染防治法中均有规定，相对人在从事生产经营、工程建设、交通运输等活动时均需获得许可。典型的如环境影响评价审批、建设工程环保验收、特种行业许可等。二是自然资源保护类许可。此类许可的目标不是为了防止或治理污染，而是旨在保护自然资源免受人类过度开发利用行为的破坏，其许可范围包括矿产、水、海域、渔业、土地、草原、森林等资源领域，涉及行政相对人对这些资源的勘查、开采、利用、销售、收购、出口等各个环节。三是城乡景观类许可。与前两种针对自然生态环境和资源的许可不同，城乡景观通常由人工改造的城乡环境要素构成，具有自然与人文双重价值，需要进行必要的保护。此类许可包括城乡绿化、城乡容貌、人文遗迹等一般的景观，也包括风景名胜区、自然保护区、历史文化遗产保护区等特殊保护的景观。人们在针对上述景观实施某些行为时需要获得许可。四是能源开发利用类许可。该类许可主要针对水电能源、生物能源、核能源等特定能源的开发利用行为。由于此类资源涉及重大公共和安全利益，可能存在巨大的生态环境隐患，因此，对其开发利用行为的许可通常更加严格。

第二，生态环境行政处罚。我国规定生态环境行政处罚的法律法规主要有三个部分：首先是作为处罚一般法的《行政处罚法》，其当然适用于生态环境保护领域；其次是生态环境保护行政处罚的专门立法，主要指的是原环境保护部制定的部门规章《环境行政处罚办法》；最后是《环境保护法》及生态环境保护单行法中的"法律责任"部分。生态环境行政处罚主要包括：一是申诫罚，主要是行政机关对不履行生态环境保护职责、造成环境污染和生态破坏等轻微违法行为实施的警告。由于申诫罚仅是对相对人声誉的惩罚，并不会造成违法行为人物质上的实际损失，其威慑力不足，因此在新修订的大气、土壤、固体废物、放射性等生态环境保护单行法中，并未规定申诫罚的处罚方式。在已经规定了申诫罚的立法当中，也往往采取与财产罚一并规定的方式，执法主体可以选择适用或与财产罚合并适用。[1]二是财产罚，包括罚款、没收违法所得等具体方式。值得注意的是，2014年修订的《环境保护法》规定了按日连续处罚制度，而且赋予了地方性法规可以增加连续处罚的行为种类。[2]《土壤污染防治法》则将没收违法所得与罚款进行了并列规定，从而使得罚款的威慑力有所增强。[3]三是行为罚。由于导致生

---

〔1〕《海洋环境保护法》第74条规定，违反本法有关规定，有下列行为之一的，由依照本法规定行使海洋环境监督管理权的部门予以警告，或者处以罚款：……第75条规定，违反本法第19条第2款的规定，拒绝现场检查，或者在被检查时弄虚作假的，由依照本法规定行使海洋环境监督管理权的部门予以警告，并处2万元以下的罚款。依据前者，警告与罚款可以选择适用其一；依据后者，警告与罚款应当同时合并适用。

〔2〕《环境保护法》第59条规定，企业事业单位和其他生产经营者违法排放污染物，受到罚款处罚，被责令改正，拒不改正的，依法作出处罚决定的行政机关可以自责令改正之日的次日起，按照原处罚数额按日连续处罚。

〔3〕《土壤污染防治法》第89条规定，违反本法规定，将重金属或者其他有毒有害物质含量超标的工业固体废物、生活垃圾或者污染土壤用于土地复垦的，由地方人民政府生态环境主管部门责令改正，处10万元以上100万元以下的罚款；有违法所得的，没收违法所得。

态环境问题的主要原因是相对人的违法生产、经营行为，因此此种处罚主要限制相对人的生产、经营行为，处罚种类主要包括责令停工、停业、停产整治，责令停产、停业、关闭，暂扣、吊销许可证或其他具有许可性质的证件。四是人身罚。针对情节严重，但尚未构成犯罪的违法行为，生态环境执法部门可以将案件移送公安部门，由后者对直接或主要责任人员实施行政拘留等限制人身自由的处罚。

第三，生态环境行政强制。具体包括行政强制措施和行政强制执行两种。前者是生态环境保护行政机关对相对人的人身自由或财产采取的暂时性的限制或者控制措施。《行政强制法》规定了限制公民人身自由；查封场所、设施或者财物；扣押财物；冻结存款、汇款等四种强制措施，我国环境立法主要规定了查封、扣押有关设施、设备、物品等强制行为，并对适用对象、方式、条件进行了规定，但对限制公民人身自由、冻结存款、汇款的适用条件未加规定。[1] 行政强制执行则是在相对人拒绝履行生态环境保护义务时，生态环境执法部门实施的迫使相对人履行生态环境保护义务的强制行为。在我国目前的生态环境保护立法中，有关行政强制执行的规定并不多，主要规定了加处罚款的强制执行方式，其他方式鲜有规定。例如，根据《环境保护法》第62条，对拒绝履行如实公开信息义务的相对人，环境保护主管部门可以加处罚款。[2] 不过，除加处罚款外，我国《行政强制法》还明确了加处滞纳金，划拨存款、汇款，拍卖、依法处理查封、扣押的场所、设施或者财物，排除妨碍、

---

〔1〕 根据《大气污染防治法》第30条，执法部门在企业事业单位和其他生产经营者违反法律法规规定排放大气污染物，造成或者可能造成严重大气污染，或者有关证据可能灭失或者被隐匿时，可以对有关设施、设备、物品采取查封、扣押等行政强制措施。《土地污染防治法》第78条也进行了类似规定。

〔2〕 参见《环境保护法》第62条。

恢复原状，代履行等其他强制执行方式。根据一般法与特别法的关系理论，特别法对相关事项缺乏规定时，可以适用一般法的规定。因此，生态环境执法部门享有《行政强制法》规定的诸种行政强制权。

第四，生态环境行政检查。"行政检查是行政主体依据行政法律授权，通过直接感知与搜索获取信息，以预防危害或追究违法的行为。"[1]据此，生态环境行政检查系指生态环境执法部门为了解相对人遵守生态环境法律法规情况，或督察相对人履行行政决定情况，而进行的强制性信息搜集的活动。生态环境行政检查实质上是一种获取信息的过程性活动，其本身不是目的，而是一种手段，旨在为生态环境保护主管部门作出行政决定奠定前提。但行政检查权仍是一种具有强制性的执法权，其能够直接作用于相对人的人身、物品之上，进而产生法律效力，对相对人的权利和义务带来影响。我国《环境保护法》规定的环境监测（第18条）、环境影响评估（第19条）、现场检查（第24条）等均属于行政检查权的范畴。另外，在有关生态环境的单行立法当中还规定了其他类型的行政检查，或对检查措施进行了具体规定。例如，《土壤污染防治法》赋予了执法部门开展土壤污染状态普查的权力。[2]《核安全法》则规定了执法部门可以采取现场监测、检查或者核查，调阅相关文件、资料和记录，向有关人员调查、了解情况等具体的检查措施。[3]

第五，生态环境行政征收。生态环境行政征收是指为实现公共利益，生态环境执法部门强制性取得相对人财产所有权的

---

〔1〕　张咏："论行政检查启动的规范化路径——以警察行政检查为例证"，载《行政法学研究》2020年第2期，第135页。

〔2〕　参见《土壤污染防治法》第14条。

〔3〕　参见《核安全法》第72条。

活动。生态环境行政征收是对相对人财产所有权的剥夺，执法部门可以凭借国家公权力强制要求相对人缴纳财产，其构成了对宪法上财产权的根本限制，因此征收的目标必须是实现生态环境公共利益，同时要以提供生态环境方面的公共服务作为补偿。另外，生态环境行政征收具有法定性。由于征收通常是无偿地获取相对人的财产，会对其权益造成损害，因此征收应当获得法律的明确授权，执法部门应当严格按照法律有关征收的主体、范围、对象、程序等规定进行执法。从我国当前的环境立法来看，生态环境行政征收的类型主要是排污费的征收，如《环境保护法》第43条规定，向生态环境中排放污染物的生产经营者需缴纳排污费，《水污染防治》《大气污染防治法》等单行法也进行了类似规定。除排污费征收外，相关立法也规定了管理性征收和资源性征收两种措施。管理性征收是指生态环境保护主管部门在实施管理活动时进行的征收。如根据《放射性污染防治法》，产生放射性固体废物的相对人需要缴纳固体废物处置费。资源性征收是指相对人在利用生态环境时应当缴纳的费用，如从事海洋水产养殖业的经营者向有关部门缴纳的费用。

第六，生态环境行政奖励。生态环境行政奖励是生态环境保护主管部门依照法定条件和程序，对保护生态环境有成绩或贡献的相对人给予物质、精神和其他利益的行为。在行政法理论上，生态环境行政奖励系一种授益性的行为、赋权性行为，即一种给予相对人利益或赋予其权利的行为。同时，"行政奖励是非强制行政行为，也就是说，行政主体不能强迫行政相对人接受奖励"。[1]我国《环境保护法》第11条规定，对保护和改善环境有显著成绩的单位和个人，由人民政府给予奖励。《大气

---

〔1〕 傅红伟：《行政奖励研究》，北京大学出版社2003年版，第36~46页。

污染防治法》与《环境噪声污染防治法》也有相应规定，这些条文内容通常较为原则，具体的奖励方式会由各地的政策加以落实。需要指出的是，《环境保护法》第22条规定，企业事业单位和其他生产经营者，在污染物排放符合法定要求的基础上，进一步减少污染物排放的，人民政府应当依法采取财政、税收、价格、政府采购等方面的政策和措施予以鼓励和支持。此条中的政策和措施虽然可能表现为行政立法或行政规范性文件，但如果其能够具体化到特定的相对人，也应当属于行政奖励的范畴。

除上述执法权限外，法律还规定了其他类型的行政执法权，如《大气污染防治法》第95条规定，重污染天气预报预警信息发布后，行政机关有指导公众出行的权力。[1]另外，有些执法权限在学理上难以归类，但却是不可或缺的执法权。例如，责令改正（或称责令停止违法行为、责令限期改正、责令限期拆除、责令恢复原状等）就是我国环境立法确立的一项重要执法权。[2]学界对责令改正的法律性质存在争议，[3]原环境保护部制定的《环境行政处罚办法》规定了责令改正，但并未将其列于行政处罚的种类之中，而是单独成条。[4]我国于2021年新修订的《行政处罚法》也并未将责令改正作为行政处罚的种类加

---

〔1〕 参见《大气污染防治法》第95条。

〔2〕 《放射性污染防治法》第51条规定，违反本法规定，未建造放射性污染防治设施、放射防护设施，或者防治防护设施未经验收合格，主体工程即投入生产或者使用的，由审批环境影响评价文件的环境保护行政主管部门责令停止违法行为，限期改正，并处5万元以上20万元以下罚款。

〔3〕 关于责令改正的性质，行政法学上存在争议，通常认为责令改正属于行政处罚，但也有学者认为其属于行政强制、行政指导、行政命令。之所以产生此种分歧，主要是因为适用情形的不同，责令改正会产生不同的法律效力。参见夏雨："责令改正之行为性质研究"，载《行政法学研究》2013年第3期，第38~40页。

〔4〕 参见《环境行政处罚办法》第10条至第12条。

以规定。可见，目前的立法并未将其作为行政处罚加以规范。尽管如此，责令改正仍规定于多部生态环境法律当中，在现实中也为生态环境执法部门广泛采用，责令改正对改变相对人的违法行为、恢复生态环境具有重要作用。

上述对行政执法、生态环境行政执法概念的分析是将视野限定于区域内的执法主体、执法对象和执法权限之上的，如果将分析的视野置于跨区域的生态环境要素之上，借助协同学的相关理论分析跨区域生态环境协同执法的概念，其执法主体、执法对象、执法权限可能会具有不同的特征。

（三）跨区域生态环境协同执法

20 世纪 90 年代，"治理"（Governance）作为新公共管理学的核心概念开始兴起，治理理论逐步取代管理理论成为公共管理学、行政法学等学科新的研究范式。在政府组织关系问题上，管理理论采取的是组织内部的管理视角，强调提升组织内部的效率，关注组织自身的改革，追求直线科层制的强化。"管理理论忽视了组织间的关系及对科层制的控制，忽视了保持组织之间的关系和信任。"[1]治理理论则克服了管理理论的不足，采用组织间的视角，侧重从政府组织间的关系入手提升治理绩效，强调消除政府组织间的冲突，在公共管理议题上展开合作，通过建立合作架构，整合多元组织力量开展治理活动。在治理理论影响日益增强的背景下，协同理论应运而生。"以协同为路径的公共管理是解决全球性问题的理想模式，面对日益复杂的公共事务，协同与网络路径是使公共管理进行多组织多部门运行

---

〔1〕 Rhodes R A W, "The New Governance: Governing without Government", *Political Studies*, 4（1996）, pp. 652~667.

的新战略。"〔1〕

在字面上，"协同"与"协调""合作""协作"等词语的含义并无太大区别，意指两个或两个以上主体在发挥各自的优势基础上，建立长期的合作关系，运用多种方式，形成整体效果的形态。作为一种理论学科，"协同学"首先是由德国斯图加特大学理论物理学教授赫尔曼·哈肯创立的，协同学理论主要研究远离平衡态的开放系统在与外界有物质或能量交换的情况下，如何通过自己的内部协同作用，自发地出现时间、空间和功能上的有序结构。〔2〕随后，公共管理学者将协同理论与治理理论相结合，提出了"协同治理"的概念。有学者将协同治理定义为："在公共生活过程中，政府、非政府组织、企业、公民个人等子系统构成的整体系统，货币、法律、知识、伦理等作为控制参量，借助系统中诸要素或子系统间非线性的相互协调、共同作用，调整系统有序、可持续运作所处的战略语境和结构，产生局部或子系统没有的新能量，实现力量的增值，使整个系统在维持高级序参量的基础上共同治理社会事务，最终达到最大限度地维护和增进公共利益之目的。"〔3〕也有学者认为："协同治理指的是来自公共和私人机构的多方行动人一起制定、执行和管理规则，为共同面对的挑战提供长期解决方案的过程。"〔4〕简而言之，协同治理系一种政府、社会、市场多元主体发挥自

〔1〕　Kettl D F, "Managing Boundaries in American Administration: the Collaboration Imperative", *Public Administration Review*, 66（2006）, pp. 10~19.

〔2〕　［德］赫尔曼·哈肯：《协同学：大自然构成的奥秘》，凌复华译，上海译文出版社 2005 年版，第 21~34 页。

〔3〕　郑巧、肖文涛："协同治理：服务型政府的治道逻辑"，载《中国行政管理》2008 年第 7 期，第 49 页。

〔4〕　Imperial, Mark T, "Using Collaboration as a Governance Strategy: Lessons from Six Watershed Management Programs", *Administration and Society*, 3（2005）, p. 282.

身优势，建立合作关系，运用多种工具治理食品安全、环境保护、区域发展、空间开发等公共事务的制度安排。协同治理重点强调公权力主体与私权利主体共同参与到治理过程之中，多元主体具有平等的法律地位，法律保障各主体的参与权、平等权，各主体之间通过多元互动、民主协商、沟通协调形成协作关系。上述理解可以看成是对协同治理的广义理解，协同治理是政府部门与其他主体的协同，包括政府部门与市场主体、社会组织、公民个人之间的协同。从狭义的角度讲，协同可以发生在两个或多个政府部门之间，在不同维度上，政府部门的协同可以存在多种协同样态。在同一行政区域内，存在不同层级部门间的协同、同一层级部门间的协同，以及不同行政区域间政府部门间的协同。因此，狭义上的协同治理是一种政府协同治理，其可以理解为政府部门之间，借由政策、法律等治理工具进行沟通协调、民主协商，共同治理公共事务的一种方式。本书试图讨论的主题，"跨区域生态环境协同执法"即属于跨区域政府间协同的范畴。

学者们在讨论不同行政区域间的环境治理问题时会使用"区域治理""区域环境治理""区域环境执法"等表达，《大气污染防治法》第五章也是以"重点区域大气污染联合防治"为标题的，这些表达中的"区域"与本书中"跨区域"的含义相同，均指不同行政区域组成的空间范畴。但"区域"强调的是区域的静态自然属性，"是自然地理区域或者具有内在经济、政治联系的环境区域"，[1]其并不突出生态环境执法"超越"行政区域的属性，而不同行政区域的生态环境执法之所以具有行政法上的问题意义，就因为其跨越行政区域的特点给当前的行

---

〔1〕 王超锋："跨区域大气污染执法：概念、特征及功能"，载《学术探索》2018年第3期，第79页。

政法理论和行政执法体制带来了挑战，因此本书为避免理解上可能产生的混乱，侧重于从动态角度，使用"跨区域生态环境协同执法"的表述。同时，这一概念中的"跨区域"指涉有二：一是生态环境问题的跨区域性。典型的环境要素，如水、空气的流动和循环本身就会突破行政区域的限制，水污染、空气污染等生态环境问题自然就会具有跨区域性。二是生态环境执法的跨区域性。正是由于生态环境问题的跨区域性，各地执法部门应当建立一种超越地域和职权的关系，实施跨区域的执法行动。因此，跨区域生态环境协同执法的概念可以描述为：生态环境执法部门通过建立协同关系，针对超越行政区域界限的生态环境问题进行执法的活动。

如上所述，根据广义上的协同治理概念，生态环境执法的协同指的是公权力部门与私权利部门之间的协同，许多有关协同治理的著述也都遵循此种广义理解。[1]然而，本书采取对协同治理的狭义理解，将讨论的主题范围限于在生态环境执法中，跨区域生态环境保护主管部门之间的协同问题，主要理由如下：

第一，生态环境保护主管部门是生态环境协同执法的中坚力量，起主导作用。随着治理理念逐步深入到政府部门、社会组织和公民个人之中，执法活动多元参与权不断得到法律上的确认，越来越多的主体开始参与到执法过程之中。但是，在我国目前的生态环境治理实践当中，不管是在国家层面还是地方层面，政府部门的绝对主导作用都是不争的现实。"虽然协作性

---

〔1〕 如向俊杰的《我国生态文明建设的协同治理体系研究》（中国社会科学出版社 2016 年版）、范俊玉的《区域生态治理中的政府与政治》（广东人民出版社 2011 年版）、王凤鸣等的《京津冀政府协同治理机制创新研究》（人民出版社 2018 年版）、杨华锋的《协同治理——社会治理现代化的历史进路》（经济科学出版社 2017 年版）等著作中的"协同治理"采取的都是广义理解，指政府与非政府组织、企业、个人之间的协同。

公共管理中包括了其他组织的参与，但政府仍然处在各种参与者的横向和纵向联系的中心，仍然在这些协同过程中处于核心地位。"[1]如果把美好的生态环境视为一件公共产品，政府部门仍然是该公共物品的主要提供者，而且具有法律规定的广泛的执法权限。生态环境保护主管部门可以通过执法活动，追究污染环境和破坏生态者的法律责任，营造良好的生态环境。其他协同各方不具有政府部门的法律地位和执法权限，其作用自然无法与之相比。因此，生态环境协同执法的绩效很大程度上取决于生态环境保护主管部门之间的协同关系。

第二，强调跨区域生态环境保护主管部门的协同能够明确生态环境执法中的政府责任。政府部门是生态环境执法的决策者，为执法提供制度环境、物质支持、技术保障，同时又是执法过程的参与者、实施者，因此也应当是法律责任的主要和最终承担者。私权利部门并不具备这些优势，如果一味强调公私部门之间的协同，很可能使之成为私人部门"不能承受之重"，以及生态环境保护主管部门逃避执法责任的借口。另外，在跨区域生态环境协同执法实践中，不同地区的部门以不属于管辖权范围为由推卸责任的情况并不鲜见，"责任真空"的存在表明需要对跨区域生态环境协同执法的问题加以关注。所以，探讨跨区域生态环境协同执法问题正是关注了政府部门在跨区域生态环境协同执法中的主导地位，凸显了不同行政区域生态环境保护主管部门协同的重要性，这也就意味着要求政府部门在生态环境治理中不能玩忽职守，而是需要发挥更大作用，承担更为关键和实质的政府责任。

第三，在跨区域生态环境保护主管部门之间开展协同执法

---

[1] [美] 罗伯特·阿格拉诺夫、迈克尔·麦圭尔：《协作性公共管理：地方政府新战略》，李玲玲、鄞益奋译，北京大学出版社 2007 年版，第 40 页。

更为困难。上下级生态环境保护主管部门之间的协同执法，同一行政区域内生态环境保护主管部门与其他部门之间的协同执法，实现起来相对容易。前者借助行政组织上的领导关系和业务上的主管关系即可实现，后者的障碍主要是部门间的管辖权和职责分工，部门间虽无业务主管关系和领导关系，但存在共同的上级政府，依靠共同的上级政府意志也可实现。如在省政府统一决策下，即可开展市级生态环境保护主管部门与市级其他部门的协同执法。然而，跨区域生态环境协同执法面临更为复杂的局面，其比跨部门协同执法更加困难。除面临管辖权和职责分工的差异外，在地区竞争型关系的背景下，各地执法部门往往基于自身利益考虑而不愿合作，反而倾向于"搭便车"的机会主义行为。单纯依靠行政力量强力推进也只是临时性的协同，而无法形成长效机制。加之各地执法主体的立法政策各异，缺乏统一的法律制度前提，从而使得协同执法更加困难。"在现行的体制框架、治理结构以及运行机制下，要实现良好的跨域协同并非易事。"[1]这些困难如果不能克服，协同执法机制就难以建立，即便建立也很难充分发挥其化解跨区域生态环境危机的作用，因而从解决公共问题的角度考虑，也需要对跨区域生态环境协同执法予以格外关注。

因此，本书从行政法的视角，将生态环境执法理论与协同治理理论结合，讨论"跨区域生态环境协同执法"这一主题。集中关注的问题为：以污染防治和生态保护诸种事项为对象，具有行政许可、处罚、强制等诸项权限，不同行政区域生态环境执法部门之间在借助政策、法律、协议等工具的前提下，如何建立协同关系，共同进行生态环境执法。前文在论及生态环

---

〔1〕 魏娜、赵成根："跨区域大气污染协同治理研究——以京津冀地区为例"，载《河北学刊》2016年第1期，第89页。

境行政执法概念时，预设的论域是在某一行政区域内，而跨区域生态环境协同执法则突破了区域行政的范畴，具有不同于生态环境行政执法的特征。

第一，价值理念上的协同性。协同性是跨区域生态环境协同执法与区域内生态环境执法的最重要区别。区域内生态环境执法以行政级别与行政区域为标准界定执法主体，划分执法范围，形成了"部门化执法"的模式。此种模式强调执法的"条块关系"、不同的职权分工、部门的局部利益，从而忽视了执法主体间的利益整合、执法力量的协调统一，进而导致执法冲突不断出现，极大降低了执法效果。跨区域生态环境协同执法则以构建区域间的协同关系为价值导向，超越了传统"各自为政"的执法理念，改变了行政区划分割下"部门化执法"的单边型执法或内向型执法方式，根据建构起的协同关系，将大量跨越不同行政区划的公共生态环境问题，依法纳入各自的执法范围，实行区域间的协同执法。协同执法倡导各个区域的政府之间形成一种"公共精神"，"公共精神是超越个人狭隘眼界和功利目的，关怀公共事务和促进公共利益的思想境界和行为态度"。[1]协同理念主张基于共同理解和共识基础上的行动，"利益相关者通过调查、整合与架构等活动，在讨论、交流中形成对生态环境问题的共同认知和对解决方案的一致性意见"。[2]

在协同理念的主导下，不同区域的执法主体不再是在"理性经济人"假设之下，单纯追求部门利益、区域内利益的自利主体，而是在尊重各自利益基础上，追求区域公共利益的治理

---

〔1〕 ［美］罗伯特·D. 帕特南：《使民主运转起来》，王列、赖海榕译，江西人民出版社 2001 年版，第 195 页。

〔2〕 田玉麒、陈果："跨域生态环境协同治理：何以可能与何以可为"，载《上海行政学院学报》2020 年第 2 期，第 100 页。

力量，其执法行为的目的在于解决面临的共同生态环境问题，化解区域间的整体生态环境危机。

第二，法律关系上的内部性。如前所述，区域内的生态环境行政执法是主管部门依据单方意志实施执法行为，产生影响相对人权利、义务的外部性行为，因此，生态环境行政执法的核心问题在于如何依法执法，控制与制约执法权，防治权力滥用造成的权利损害。主管部门内部的行为属于内部行政法律关系范畴，不是人们关注的重点，即便其存在违法性的问题，也可借助具有隶属关系的内部行政程序，由执法部门的上级机关予以解决。跨区域生态环境协同执法的对象是非公权力组织和公民，其亦为一种具有外部性的执法行为，但跨区域生态环境协同执法具有跨区域性，不同区域执法部门同时形成了一种内部关系，其涉及的重点是不同区域执法机构之间的权力关系，而非执法机构与相对人的权利、义务关系。由于各地生态环境保护立法与政策的不同，生态环境保护主管部门利益的非一致性，不同区域的执法冲突现象十分突出。因此，在协同治理的语境下，跨区域生态环境协同执法的核心问题在于理顺不同执法主体之间的内部关系，理清各自职权职责，降低跨区域执法交易成本，形成合法、合理、高效的协同关系，从而推动区域生态环境治理绩效的提升。当然，跨区域生态环境协同执法也具有外部效应，对执法相对人的权利义务也会产生影响，但此种外部效应需要以内部关系的协同为基础，只有在内部合作的前提下，跨区域生态环境协同执法才能具备合法性与合理性，也才能对外产生实际的治理效果。

第三，主体间关系的平等性。在一个行政区域内，生态环境保护执法主体是属于政府内的生态环境保护主管部门，即各地生态环境厅（局），具体的执法往往由内设的执法机构承担。

区域内的执法主体间系一种纵向关系，实质上是一种等级命令关系。"这样一种关系只有在使一个人有权命令和另一个人有义务服从这样一个秩序的基础上，才是可能的。"[1]执法主体间的这种关系并不复杂，主体的职权已经由法律、政策、所属政府或上级机关确定，比较清晰，即使不同层级的部门发生争议，依法通过行政等级命令即可解决。然而，跨区域生态环境协同执法主体间不是等级命令关系，而是一种横向平等关系。在此种关系中，不同区域的执法主体彼此并不隶属，具有独立的主体地位，不同区域的生态环境执法部门具有相对独立的人格与行政自主权。因此，跨区域生态环境协同执法主体间的关系应当具有平等性。当需要协同执法时，一方主体无法依靠行政命令强制另一方接受其主张，而是基于双方的平等地位，订立协议，建立横向的平等合作关系，通过协商沟通开展执法，构造常态化的协调机制，解决执法过程中不同区域共同面临的问题。目前京津冀、长三角地区形成的合作执法模式即属此类。当然，现实中，跨区域生态环境协同执法主体间化解冲突、开展协同也可借由共同上级机关的意志实现，如省级的生态环境执法部门冲突可由生态环境部下设的生态环境执法局协调，而协调跨区域执法事务也属于该局的职权之一。或者直接借由科层制形成的监督与被监督、领导与被领导关系，以强制性的党政权力促进在跨区域执法事务上的协同，如我国采取的督察执法模式。但这并非化解冲突、推进协同的常态方式，它更加适合作为主体间协同无果后的最后途径或弥补手段，因为该种方式会面临成本过高的问题。上级机关协调或督察不但会加剧机关的行政成本，而且由于下级执法主体间的事务上级机关并不熟悉，还

---

[1] [奥] 凯尔森：《法与国家的一般理论》，沈宗灵译，商务印书馆 2013 年版，第 212 页。

需要获取相关信息，增加了信息成本。另外，设立跨区域生态环境协同执法的专门机构也是一种实现协同的手段，如我国的整合执法模式就是成立专门的流域执法机构，负责开展流域执法。此种方式显然也存在成本过高的问题。因此，基于主体间平等关系基础上的跨区域生态环境协同执法应当是一种较为适宜和理想的协同执法模式。

第四，权力运行上的合意性。跨区域生态环境协同执法的对象是生态环境问题，生态环境问题是一种公共物品，是各个区域执法主体面临的公共问题，涉及区域成员的共同利益，这就是不同区域的生态环境保护主管部门应当开展协同执法的重要现实原因。由于跨区域协同执法需要破除行政区划界限的约束，开展执法行为，解决公共事务，执法主体的权力运行不是基于行政级别的强制结果，而是应当遵循相互平等的"谈判"逻辑。跨区域生态环境协同执法以化解公共环境危机为目标，以尊重、合作、协商、共赢为原则，以利益共享、成本共担为基础，是不同区域的生态环境执法主体合意的结果。在跨区域生态环境协同执法的语境下，执法主体具有了类似民事主体的平等性、独立性，平等民事主体间的某些合作方式，如协议，即可成为协同执法的一种重要手段。协同关系的建立需要各个主体尊重彼此的平等、独立地位，否则，协同关系的建立与长期维系就会成为问题。"众所周知，真正意义上的合作关系是独立主体之间的互动关系。这种关系形成的前提是合作主体人格的独立，否则合作关系就难以发生或者难以持续并取得成功，甚至在合作的过程中有可能退化为服从关系。"[1]

正是因为异于生态环境执法的上述特征，跨区域生态环境

---

[1]　谢新水：《作为一种行为模式的合作行政》，中国社会科学出版社 2013 年版，第 154 页。

协同执法的关注点在于"协同"二字，聚焦于不同行政区域的执法组织如何进行协同执法的问题。在行政法学上，跨区域生态环境协同执法更多地属于行政组织法层面的问题，应当讨论不同行政区域执法组织的执法权配置问题，同时，其也是一个区域行政法问题，讨论的视野不仅应当关注执法主体实施执法的中间环节，而且应当拓展至执法政策制定、决策确定、目标设定等协同前端环节，以及执法的责任追究、技术支持、保障措施等协同后端环节。

二、治理失灵：协同执法的现实基础

（一）生态环境治理的公共性

不同行政区域的生态环境保护主管部门之所以需要形成协同执法机制，以应对跨区域的生态环境问题，从现实层面看，原因首先就在于生态环境问题（环境要素受到破坏或污染）系一种各个区域共同面临的公共性问题，因而以解决环境问题为目标的执法也应当是一种超越行政区域的公共事务。

生态环境的公共性首先是就其自然属性而言的。生态环境是由多重环境要素构成的广泛而复杂的系统，《环境保护法》第2条将环境定义为影响人类生存和发展的各种天然的和经过人工改造的自然因素的总体，该法列举了15种具体的环境要素。就单个要素而言，这些环境要素的物理属性各不相同，有些要素是静态、有形的实体物质，如森林、土壤等自然资源。有些则属于动态、无形的无实体物质，流动性是这些生态环境要素的典型特征，例如水、空气。这些生态环境要素的流动通常情况下不会受制于物理空间和地理空间的限制，且人为设置的行政区域更不可能成为限制其流动的因素。长江和黄河分别流经了11个和7个省市。同时，这些不断流动的各个环境要素相互交叉，形成物质循环与能量流动两个主要链条，二者相互作用，往复发展形成一个整体性的生态环境共同体。"生态共同体的每一部分、每一种小环境都与周围生态系统处于动态联系之中。处于任何一个特定的小环境的有机体，都影响和受影响于整个有生命的和非生命环境组成的网。"[1]在生态环境共同体中，环境要素之间存在着复杂的耦合关系，某个要素或要素的一部分发生改变，必然会造成关联要素或部分的连锁反应。生态环境要素具有的生态环境利益正是借助此种不断流动的特性才能惠及不同区域，保护生态环境应当成为不同区域共同享有的公共利益。生态环境的公共性带来了生态环境问题的公共性。当生态遭到破坏，环境受到污染时就会产生生态环境问题，生态环境问题同样会在要素流动与循环中突破地域限制，形成一种地理空间上的"公害"。生态环境问题的致害原因来源于个人与组织多元主体的生产、生活活动，这些主体很可能分布于不同区域，造成的损害后果也会在生态循环系统的作用下，超越人为划分空间的界限，对更为广泛的群体产生损害后果。"生态损害成为一种致害人和受害人数量均不特定的'泛化主体'损害类型。"[2]环境问题的危害自然不会因为部门职权、行政区域而有所减轻，当环境要素为不同国家（地区）所共同管辖时，环境问题即会跨越国境，成为国际"公害"。"国境是人类给自然空间画的一条线，自然空间却无视这条线。"[3]生态环境执法部门以行政区域为自己的职权范围，现实中许多存在生态环境问题

---

〔1〕 ［美］卡洛琳·麦茜特：《自然之死——妇女、生态和科学革命》，吴国盛等译，吉林人民出版社1999年版，第86页。

〔2〕 邓海峰："生态法治的整体主义自新进路"，载《清华法学》2014年第4期，第171页。

〔3〕 ［日］交告尚史等：《日本环境法概论》，田林、丁倩雯译，中国法制出版社2014年版，第6页。

的区域往往突破行政区域界限形成生态环境问题区域与生态环境执法区域非重合的现象。大气污染一直是京津冀地区面临的生态环境问题，位于某地区的污染源可能造成整个京津冀地区的雾霾天气。据生态环境部统计，2019 年，京津冀及周边地区的城市当中，16 个城市的优良天数比例在 50% 至 80% 之间、12 个城市的优良天数比例低于 50%；平均超标天数比例为 46.9%，其中，轻度污染为 32.1%，中度污染为 9.4%，重度污染为 4.9%。[1]此时，生态环境执法就应当超越行政区域的封闭性和职权范围的机械性，以协同方式适应生态环境问题的公共性要求。

其次，生态环境问题的公共性是就其经济学属性而言的，在经济学上，生态环境属于公共物品。公共物品的特征在于消费上的非排他性与非竞争性。非排他性是指无论某人对公共物品投入多少生产成本都无法排除他人对此物品的消费。非竞争性是指某人对公共物品的消费并不会减少他人对该物品消费的数量，或降低其质量。与公共物品相反，私人物品则具有消费上的竞争性和排他性。如果某种物品介于典型的公共物品和私人物品之间，仅具备非排他性、非竞争性中的特征之一，则该物品被称为准公共物品。生态环境属于公共物品，"组成生态这种特殊关系的要素，如土地、水、空气、植被、生物、气候等，从经济学意义上说都具有公共性"，"生态，就其物质形态的物品而言，不管是完全自然状态下的对象，还是经过人类劳动物化过的自然，对于人类社会而言，绝大部分属于'公共物品'"。[2]当然，有些生态环境要素属于典型或纯粹的公共物品，"空气污

---

〔1〕 参见生态环境部发布的《2019 中国生态环境状况公报》。

〔2〕 高小平：《政府生态管理》，中国社会科学出版社 2007 年版，第 39 页。

染控制是所能发现的最纯粹的公共物品",[1]它兼具非竞争性和非排他性,而有些环境要素在特定情况下属于准公共物品,只有非排他性而无非竞争性,或者只有非竞争性而无非排他性。以森林资源为例。一方面,森林具有涵养水土、防风固沙、净化空气、降低噪音等功能,这些功能具有非排他性和非竞争性;另一方面,森林资源被加工成木材或木制物品,如果特定主体占有并消费了该木材或木制物品,那么其他主体就无法对其占用并消费,在这个意义上,森林资源具有消费上的排他性,而受益上具有非竞争性。但是,"无论是属于纯粹公共物品,还是属于混合公共物品,生态环境都应该是一种公共物品"。[2]

通常情况下,私人物品适宜由私主体通过市场手段提供,而公共物品则应由政府通过公权力行为提供。生态环境不受地域空间限制,具有公共物品属性,其公共性的特点决定了政府应当承担良好生态环境主要供给者的角色,通过生态环境执法保护生态环境,化解生态环境问题。不过,我国生态环境分散型执法现实样态,无法契合生态环境的公共性特点,给政府提供公共物品带来了诸多方面的困境。

（二）分散型执法的现实样态

在法的一般意义上,执法是相对立法和司法而言,由执法主体将制定法施行于社会领域,作用于相对人的过程。生态环境执法则是生态环境保护主体依法对相对人实施的包括行政检查、许可、处罚、强制在内的一系列具有法律效力的行为。在当前的法治语境中,我国生态环境保护领域采取的是一种分散

---

〔1〕 〔美〕E. S. 萨瓦斯:《民营化与公私部门的伙伴关系》,周志忍等译,中国人民大学出版社 2002 年版,第 48 页。

〔2〕 叶海涛:"生态环境问题何以成为一个政治问题?——基于生态环境的公共物品属性分析",载《马克思主义与现实》2015 年第 5 期,第 191 页。

型执法的现实样态。所谓分散型执法，是指在生态环境执法权的配置上采取一种主体与权限双重分割的模式。法律将不同的生态环境要素，乃至同一个生态环境要素以管辖的区域范围标准加以分割，赋予多个主体以不同的执法权，最终形成一种"双向分割、多元执法"的体制。

第一，行政主体与非行政主体分享执法权。根据行政法的一般理论，具有行政主体资格是行使执法权的前提条件。通常而言，生态环境保护主管部门或依法获得授权的组织才可以实施执法行为，但囿于生态环境保护工作的复杂性和行政组织设置的多元性，大量执法行为是以行政委托的形式交由非行政组织实施的。此种受委托的组织主要有两种：一是设置于生态环境保护主管部门内部的监察执法机构，根据《环境监察办法》，环境监察机构是环境行政执法机构的实际承担者，但仅为环境保护部门的内设机构，受环境保护部门领导并对其负责。因此，环境监察机构并无行政主体资格，但《环境保护法》第24条明确了其受委托组织的定位。二是开发区的管理委员会、群众自治组织等非行政机关。开发区管理委员会的行政主体资格缺乏法律的明确规定，而村委会及居委会则是群众自治组织而非行政机关，它们在进行生态环境保护执法时通常需要获得生态环境保护主管部门的委托。环境执法中的行政处罚可以委托实施，其法律依据来源于《行政处罚法》第18条、第19条，但《行政强制法》第17条规定，行政强制权不得委托实施。于是，一体化的环境执法权被分割为生态环境保护主管部门，法律法规授权的组织、受委托的组织共同行使。

第二，不同级别的行政主体分享执法权。作为一个整体，生态环境保护执法权是由不同类型的具体权能构成的"权力束"，在某些情况下，法律以纵向的管辖范围将具体的权能赋予不同级别的行政主体，从而使其共享作为整体的执法权。一是上级政府有权决定下级政府生态环境保护主管部门的执法权限。如在缺乏法律规定时，国务院可以规定涉及海洋环境主管部门执法的具体职权划分。[1]同时，上级政府往往会通过内部规范性文件的形式决定下级部门执法权的具体配置形式。2016 年，我国开始省以下环保机构监测监察执法垂直管理制度改革试点工作，中央发布改革试点的《重改指导意见》之后，多个省级政府发布具体的实施方案，较为详细地规定了生态环境保护执法权的配置方式。[2]二是上级政府在一定条件下有权限制下级政府或部门的执法权。根据《环境保护法》第 44 条，对超过国家重点污染物排放总量控制指标或者未完成国家确定的环境质量目标的地区，省级以上人民政府环境保护主管部门有权暂停审批其新增重点污染物排放总量的建设项目环境影响评价文件。《规划环境影响评价条例》第 30 条也进行了类似规定。这些规定实际上意味着下级政府行政许可权的暂时受限。三是上级政府部门可以直接行使或指定其他部门行使下级政府部门的执法权。如《环境保护法》第 67 条规定，依法应当给予行政处罚，而有关环境保护主管部门不给予行政处罚的，上级人民政府环境保护主管部门可以直接作出行政处罚的决定。《环境行政处

---

〔1〕《海洋环境保护法》第 95 条规定，涉及海洋环境监督管理的有关部门的具体职权划分，本法未作规定的，由国务院规定。

〔2〕《河北省环保机构监测监察执法垂直管理制度改革实施方案》规定，环境执法重心向市县下移，加强基层执法队伍建设，强化属地环境执法。将市环境监察支队更名为市环境执法支队，定州、辛集市环境监察大队更名为定州、辛集市环境执法大队；将县（市、区）环境监察大队更名为县（市、区）环境执法大队，随县（市、区）环境保护局一并上收到市，由市级承担人员和工作经费，具体工作接受县（市、区）环境保护分局领导。市环境保护局统一管理、指挥本行政区域内县（市、区）环境执法力量。依法赋予环境执法机构实施现场检查、行政处罚、行政强制的条件和手段。

罚办法》第 20 条规定，上一级环境保护主管部门如认为下级环境保护主管部门实施处罚确有困难或者不能独立行使处罚权的，可以对下级环境保护主管部门管辖的案件指定管辖。四是上级政府部门有权监督下级部门的执法活动。如《环境监察办法》第 28 条规定，上级环境保护主管部门对下级部门有稽查权。[1]

第三，相同级别的行政主体分享执法权。针对同一生态环境要素，立法将该要素的整体保护职责进行功能性划分，将不同的执法权赋予同一级别的不同部门，从而形成"主管部门+相关部门"的样态。这一方式由 1989 年《环境保护法》第 7 条所确立，2014 年该法修订后第 10 条予以继承，其他相关环境保护立法也基本采用此种方式。该方式构成了执法权分散型配置的主要样态。生态环境保护主管部门作为"主管部门"负责生态环境问题的监管与执法，而其他部门作为"相关部门"负责各自领域内生态环境问题的监管与执法。关于主管部门和相关部门的具体职权，生态环境各单行立法中大都采取较为原则性的规定。《海洋环境保护法》的内容相对具体，该法第 5 条列举了不同的职权主体和职权范围，国家渔业行政主管部门、军队环境保护部门、国家海事行政主管部门分别对渔业船舶、军事船舶、非军事和非渔业船舶造成的海洋环境污染防治享有执法权。

第四，政府与生态环境保护主管部门分享执法权。通常情况下，政府的生态环境保护主管部门是执法主体，也是直接实施执法活动的主体，但在某些情况下，作为行政主体的政府也可以直接行使执法权。例如，《环境保护法》第 60 条规定："企业事业单位和其他生产经营者超过污染物排放标准或者超过重

---

[1]《环境监察办法》第 28 条规定，上级环境保护主管部门应当对下级环境保护主管部门在环境监察工作中依法履行职责、行使职权和遵守纪律的情况进行稽查。

点污染物排放总量控制指标排放污染物的，县级以上人民政府环境保护主管部门可以责令其采取限制生产、停产整治等措施；情节严重的，报经有批准权的人民政府批准，责令停业、关闭。"即是说，生态环境保护主管部门有权决定责令限制生产、停产整治，人民政府有权决定责令停业、关闭。

第五，生态环境保护主管部门内部分享执法权。如果将生态环境执法看作一个过程，则执法包括执法决策、执法实行和执法保障三个环节，而《环境保护法》等规定的各自执法权限即分布在这三个环节之中。生态环境保护主管部门内部设置了不同的机构，分别掌握了这三个环节的不同权限。生态环境保护主管部门中的决策机构履行环境影响评价、建设项目许可、污染排放控制、环境标准制定等职权；生态环境保护主管部门中的执法机构履行实际现场执法职权；生态环境保护主管部门中的保障机构履行环境监测、科学研究、信息服务、技术支持等职权。当然，这些机构的具体设置方式在中央和各地方会有所不同，它们当中有的机构并不实际行使执法权，例如承担制定环境标准、提供信息服务、技术服务职责的机构，但它们却是实施执法权不可或缺的要素。

整体来看，我国生态环境执法体制在纵向、横向、内部三个维度上存在分散型配置的现实样态。"从体制结构的角度看，我国的环保行政体制结构表现为'纵向分级，横向分散'，即在纵向权责关系上呈现分级，在横向职能设置上呈现分散结构。"[1]分散型执法样态反映了我国单一制的国家结构形式，上级（中央）行政主体在执法中起主导作用，从中央到地方原则上以地域管辖作为执法权配置的基本原则，但上级对较为严重的环境问题，

---

〔1〕 李萱、沈晓悦、夏光："中国环保行政体制结构初探"，载《中国人口·资源与环境》2012 年第 1 期，第 84 页。

或者较为重大的事项享有执法权。同时，这也反映了我国目前政府部门管理体制上的双重性，即生态环境保护主管部门受本级政府与上级主管部门的双重领导。因此，生态环境保护主管部门一方面与所属政府分享执法权，另一方面又与上级主管部门分享执法权。另外，分散型的配置也是我国行政体制改革的要求，执法权的决策、执行、监督三项具体职权不能集中于一个机构，而应当在生态环境保护主管部门内进行适度的分工。应当说，生态环境执法分散型样态的合理性在于能够防止权力的集中与执法权的滥用，同时也是基于不同主体的性质特点、职权范围、专业分工而进行的设计。上级执法主体在执法中发挥主导作用可以避免下级主体因"地方保护"而怠于执法的现象，而且一般认为上级部门比下级部门在执法时更加审慎与理性。因此，对超标排污的企业责令停业、关闭的行政处罚由政府实施，原因就在于这些处罚措施强度较大，影响较广，会对相对人产生更多的负担，甚至会剥夺相对人的从业资格，因而由人民政府实施处罚可能更为合理。并且，执法权无论是分散于不同部门之间，还是集中于一个部门内部，都可以在很大程度上避免主体垄断权力而造成的异化问题，进而"有利于建立权责明确、行为规范、运转协调、监督有效的行政管理体制"。[1]然而，生态环境执法的分散性与生态环境治理的公共性之间存在张力，与分散型执法样态相伴的是执法制度构造与运行上的碎片化，而碎片化的结果最终将导致跨区域生态环境公共治理上的政府失灵。

（三）分散型执法的碎片化问题

跨区域生态环境治理绩效的取得需要建构与之相配套的执

---

〔1〕 竺乾威："大部制改革与权力三分"，载《行政论坛》2014 年第 5 期，第35 页。

法体制。生态环境问题的公共性特征决定了这种执法体制应当满足规范依据上的明确性、政策目标上的一致性、权责配置上的合理性、执法活动上的协调性等条件，而当前的分散型执法体制使得整个执法系统呈现出了"碎片化"[1]的问题，正是这种"碎片化"问题制约了跨区域生态环境治理绩效的提升。

第一，法律赋权的碎片化。生态环境执法是执行法律的活动，法律是执法活动最为重要的依据，也是其合法性的来源。我国目前的生态环境保护立法除作为一般法的《环境保护法》外，主要是生态环境保护单行法。在学理上，《环境保护法》中规定的生态环境要素可以分为资源要素和环境要素两大类别，生态环境保护单行法即包括了这两类：一是有关自然资源方面的法律，如《草原法》《森林法》等；二是有关环境保护方面的法律，如《大气污染防治法》《固体废物污染环境防治法》等。前者主要规范自然资源的使用行为，后者则主要规范环境污染行为。然而，有的环境要素兼具资源与环境的双重属性，具有经济价值和环境价值，一部法律无法同时规范开发利用行为与污染防治行为，需要有针对性地制定不同的法律。因此，我国既有规范水资源利用的《水法》，也有防治水污染的《水污染防治法》。于是，一个环境要素被分别规定于两部法律之中，针对水资源的执法权被授予不同部门，各部门依据不同的法律

---

〔1〕 从字面上看，碎片化是完整事物被分割成不同部分的现象。碎片化最初被用来描述一种信息传播过程中，信息不断被分割成信息片段从而失去真实性的现象。后来"碎片化"被用于对政府决策、权力运行等公共行政过程的分析。政府的公共决策需要取得各部门的共识，决策执行过程中也需要各部门的配合，但各个部门往往基于部门利益，有选择地进行公共政策制定，执行的配合也较为困难，通常需要不断博弈才能实现。这种碎片化问题在中央政府内部各部门之间、中央与地方政府之间、各级地方政府之间、地方政府内部各个部门之间都存在。See Lieberthal K, D. M. Lampton, *Bureaucracy, Politics, and Decision Making in Post-Mao China*, Berkeley: University of California Press, 1992.

开展执法，从而形成一种碎片化的赋权方式，而正是这样的赋权方式造成了执法权限的重叠与交叉。《水法》第 32 条规定，水行政主管部门有权主导水资源功能规划的编制。从该法第 2条规定的适用对象来看，规划应当包括水资源的保护功能规划，而《水污染防治法》第 16 条则将主导编制水污染防治功能的职权授予了环境保护主管部门。一项职权被授予两个部门，权力的重叠使它们在编制规划的过程中可能发生冲突。另外，关于水环境监测职权的归属，《水法》和《水污染防治法》的相关规定也存在前述情况。[1]水利部设有水文水资源监测预报中心，生态环境部设有生态环境监测司，这两个部门都有水资源的监测权，当这两个部门都进行监测，而监测数据不一致时，以何者为标准进行决策，开展执法就会成为问题。同样的问题还存在于对自然保护地的管理权之中。国家林业和草原局内设有自然保护地管理司，专门负责对各类自然保护地的管理工作；生态环境部的自然生态保护司，其职责之一也是负责各类自然保护地的监管工作。如果出现破坏自然保护地的现象，由哪个主体执法可能面临难题。

法律赋权碎片化的另一个表现就是各个主体职权不明确，界限不清晰。关于某个生态环境要素的管理职责，我国的环境立法通常采用"统一管理+专门管理"的立法模式，法律会规定某个部门，如生态环境保护主管部门具有统一管理权，而其他相关部门在各自职权范围内具有专门管理权。但统一管理和专门管理的范围如何划分、标准为何，统一管理权和专门管理权的具体职权有哪些、界限在哪，统一管理部门和专门管理部门如何协同，冲突如何化解等，这些问题要么缺乏法律的明确性

---

[1] 参见《水法》第 32 条，《水污染防治法》第 25 条。

规定，要么规定得较为原则、概括。明确性不足的法律非但无法有效指导执法实践，反而会成为主体间产生执法争议的诱因。除职权交叉重叠、不够明晰外，还存在职权错位的问题。合理的执法体制应当根据不同主体的性质特点和实际状况配置相应的执法职权，如果某个主体被授予了与其性质特点和实际情况不匹配的职权，其就会在执法过程中发生错位的现象。根据《中国人民解放军环境保护条例》，军队设有专门机构履行军队环境保护管理职权。同时，根据《水污染防治法》，省级政府有权制定地方的水污染物排放标准，而水污染防治规划则由省级环境保护主管部门主导制定。[1]一般而言，水污染物排放标准更为具体，也更为专业，而水污染防治规划则涉及面较广，需要统筹协调。因此，法律是否应当将权力主体互换就值得考虑。

　　当涉及跨区域生态环境执法时，法律赋权的碎片化弊端就会更加明显。目前不管是国家层面的法律还是地方层面的法规、规章，对跨区域生态环境执法问题的规范都较为原则、抽象，缺乏具体内容，不同区域的执法主体、执法对象、权限范围等关键要素也难以清晰界定。现实中，各地试图以规范性文件的形式加以规定，且不说这些文件可能存在法律效力上的瑕疵，即便其具备一定的效力，这些文件也会存在相互冲突的问题，倘若不同地区的文件将跨区域生态环境执法权赋予不同的部门，或虽然执法主体相同，但对象、范围不同，那么因执法依据冲突导致的执法权争议问题也就难以避免。

　　第二，执法决策的碎片化。跨区域生态环境执法的首要环节是各区域执法主体进行决策，就执法的相关议题达成一致，且所作的公共决策应当具有整体性。然而，分散型执法体制把

---

[1]　参见《水污染防治法》第14条、第18条。

整体性的决策体系分散成零散的若干模块，使得跨区域生态环境执法决策呈现出碎片化的特点：

一是决策主体的碎片化。因为跨区域执法关涉各地的共同利益，执法决策的制定通常情况下需要各地的生态环境保护主管部门共同参与，如果问题较为复杂，影响较大，生态环境保护相关部门也要参与其中。2019 年 7 月，在河北省廊坊市召开的 2019—2020 年京津冀生态环境执法联动工作会，就三地联动执法事宜进行了决策。参与者包括河北省 6 个市、北京市 6 个区、天津市 7 个区的生态环境保护主管部门。决策参与者越多，关涉利益也就越多，达成决策共识需要多元主体间的讨价还价、不断博弈，由此博弈的成本也就越高，达成共识的难度也就越大。

二是决策目标的碎片化。不同地区部门之间进行决策的任务之一就是要对跨区域执法的目标达成一致，但由于参与主体的专业知识存在差异，对待同一生态环境问题，容易产生不同的观点和看法，导致在认知分歧的情况下，每一个区域的政府部门都会有不同的政策取向。并且，各部门参与跨区域执法决策所追求的目标也不尽相同。各个主体是封闭性的系统，在设定目标时，主要考虑自身的利益，各自为政，从而容易忽视生态环境问题的全局性，在利益诉求不同的情况下，执法目标的一致性也就不容易实现。每个执法主体，在特定的时间都存在着多重的公共政策目标，这些多重的目标实质上存在着统一基础上的矛盾性。执法部门在分解这些具有一定冲突的多重目标后，分部门执行某一个目标，整体上的执法效果势必此消彼长、相互抵消。

三是决策议题设置的碎片化。公共决策过程中，参与者需要设置相关议题，通过对议题的讨论进而作出结论，因此，议题设置是否合理对结论的科学性至关重要。就跨区域生态环境执法而言，决策的议题包括了针对哪些跨区域生态环境问题进行执法，执法针对哪些企业或个人，采用哪些具体执法形式，何时何地进行执法，执法过程中如何合作等。这些议题要想进入决策者的议程，大致需要经过议题的认可、议题的采纳、议题的优先化和议题的维持四个阶段。议题的认可是指议题进入决策者视野，被认为有采取执法行动的可能性；议题的采纳是指决策者认为针对议题采取行动具备合法性，有责任采取执法行动；议题的优先化是指要根据议题的重要程度确定通过执法行动解决问题的先后顺序；议题的维持是指决策者经过认真考虑，对议题提出执法方案，并对这些方案进行优化选择。[1]受制于分散型的执法体制，跨区域生态环境执法决策议题设置上的“碎片化”现象比较明显。针对某个生态环境问题，A 区域的生态环境保护主管部门认为应当作为议题加以讨论，而 B 区域的生态环境保护主管部门却根据自身利益，认为其不应进入决策者的视野，没有必要采取跨区域执法。例如，流域污染结果出现地的生态环境保护主管部门主张对整个流域开展执法，但流域污染源所在地的环境如果没有受到破坏，该地的生态环境保护主管部门可能会反对此种主张。另外，议题即便获得认可，有的部门也可以以法律依据不足，执法缺乏合法性为借口对其不予采纳。如某个部门以法律法规没有规定该部门有相应的执法主体资格或执法权限而拒绝采取执法行动。在诸多已经采纳的议题中，如何认识环境问题的重要性，进而确定执法的优先性，在众多执法方案中如何进行取舍，这些都有可能成为争论的焦点。

---

　　[1]　向俊杰：《我国生态文明建设的协同治理体系研究》，中国社会科学出版社 2016 年版，第 116 页。

第三，执法过程的碎片化。法律规定的执法权限、决策确定的执法目标必须借由执法过程的具体展开才能转化为现实。跨区域生态环境执法的实际执行是整个治理过程的最重要环节，其有效性直接关系到治理绩效的好坏，因此，跨区域生态环境执法的"主要问题不在立法，而在于对现有法律的执行不力"。[1]然而，分散型执法体制下，法律赋权碎片化、执法决策碎片化的逻辑结果就是实际执法过程的碎片化，本来应当完整顺畅、协调有序的执法过程在现实中却表现出不同执法主体之间较为明显的执法内耗问题：

一是懈怠执法。法律赋予了执法主体各项职权，执法决策者也提出了执法的具体要求，因而执法主体应当依据法律、决策严格规范执法，认真履行职责，不应基于自身利益而怠于执法。根据相关法律，经济综合宏观调控部门有权公布严重污染生态环境的落后工艺和设备目录，同时也有权对违反相关条款，仍然使用这些工艺和设备的单位和个人进行执法。[2]但是，由于经济综合宏观调控部门的重要职责之一是规范经济行为，促进经济发展，因而该部门是否会为了经济利益而牺牲生态环境利益，怠于行使职权就值得怀疑了。同时，《环境保护法》第60条规定，由县级以上人民政府环境保护主管部门行使限制生产、停产整治等职权；政府行使责令停业、关闭的职权。考虑到环境保护工作和执法工作的专业性，政府执法决策的作出是否较生态环境保护主管部门更加审慎与合理亦不无疑问。

二是重复执法。如果说懈怠执法的原因在于执法主体基于

---

〔1〕 杜群："环境保护执法：跨界污染治理的关键"，载《中国社会科学报》2011年11月29日。

〔2〕 参见《水污染防治法》第46条，《环境噪声污染防治法》第18条，《大气污染防治法》第27条，《固体废物污染环境防治法》第28条。

部门利益的考虑，认为进行执法无利可图的话，那么重复执法则往往是执法主体认为进行执法能够带来收益而争夺执法权的结果。重复执法多发生于执法主体职权界限不清、执法对象管辖权不明的情况。例如，陆地水资源可以分为地表水和地下水，地表水污染防治的执法权主要属于生态环境保护主管部门，但地下水的执法权到底属于国土部门还是水利部门在实践中存在争议。因此，地下水开采时各部门有时会争夺许可权，出现多头执法的现象，但需要进行水污染治理时则又推脱执法责任，原因就在于前者可以获得利益而后者则要支付成本。重复执法不仅会使若干执法主体陷入权属争议之中，进而影响执法效率和环境问题的解决，还会损害相对人的合法权益。当多个执法者对相对人的一个生态环境违法行为进行处罚时，就构成了对同一违法行为的两次处罚，违反了《行政处罚法》所禁止的"一事不再罚"原则，造成相对人的利益受损，执法行为本身也不符合行政合法性要求。

三是运动式执法。分散型执法体制造成了跨区域生态环境问题处理的低效。由于跨区域生态环境问题一旦出现，其影响通常比区域内的问题严重，因此问题迟迟无法解决的结果就是造成环境利益和经济利益的重大损害，此时，上级政府，乃至中央政府即会要求地方开展执法，化解难题。另外，如果跨区域生态环境问题影响到重大事件，如大气污染影响到大型会议或体育赛事，跨区域执法也会成为一项必须完成的政治任务。此时，各地的执法主体才会暂时搁置执法争议，调动各种执法力量、资源，打破地域界限开展临时性的执法行动。运动式执法可能以专项执法或突击执法的形式出现，通过运动式执法可以较为迅速地使久拖不决的跨区域生态环境问题得以解决，但其带来的弊端也十分明显。运动式执法只能临时性地解决问题，无法形成常态化的问题解决机制，当问题再次出现时又不得不再次开展运动式执法，于是就会陷入"问题—执法—新问题—再执法"的恶性循环当中。更有甚者，出于迅速解决问题的目的，运动式执法很可能会突破法律对执法对象、权限、方式、程序等实体和程序的规范，执法主体可能会实施更大范围、更加严格的执法措施，从而使执法过程摆脱法律控制，脱离法治轨道。

第四，执法保障的碎片化。生态环境执法的顺利开展需要以结构合理的执法力量为保障。在分散型执法体制之下，执法保障碎片化的首要表现在执法人员配备的碎片化上。纵向来看，《环境保护法》规定县级以上政府的生态环境保护主管部门有执法权，省级、市级、县级的生态环境保护主管部门均配备了执法队伍，但各级执法队伍设置普遍存在"职责同构"的问题，各级执法队伍之间界限不明，僭越级别实施执法的情况并不罕见。横向来看，与生态环境保护有关的部门在权力配置上呈现"小而全"的特点，各部门也都有自己的决策机构、执法队伍，职权依据仅仅是自己部门的法律法规，基于自己的管理范围，职权运行也基本是封闭式、部门化的方式。因此，在遭遇跨区域生态环境问题时，各个执法主体不论是纵向还是横向均缺少制度性的沟通协调机制，执法队伍之间难以展开合作。此外，执法保障的碎片化还体现在执法资源的碎片化上。跨区域生态环境执法需要不同区域的执法人员相互配合，同时也需要各地在财政、信息、科技、宣传等物质和非物质资源上进行共享，而分散型执法体制妨碍了不同区域执法资源共享的实现。跨区域生态环境执法需要必要的经费支持，但执法经费如何分担，通过何种形式支付就会成为各个执法主体争议的问题。在缺乏必要的激励机制时，科技、信息等方面具有优势的部门不会主动为其他部门提供帮助，加之不同区域与生态环境保护有关的科技平台、信息平台各自独立运行，各平台最多能够在同一区域内、同一系统内部实现互联互通，跨部门、跨区域的资源共享在目前还无法做到，立体化、全方位的执法资源互联格局也尚未形成。

　　生态环境问题是一个复杂的公共议题，"环境问题实是一个多因的'复合病症'"。[1]当行政执法对象属于整体性的生态环境问题时，分散型执法体制依据不明、职权重叠、程序不一、有权无责等弊端就显露出来了。分散型执法体制下，由于行政部门、行政区划构成了执法权的界限，针对同一环境要素，执法主体只能在各自职权范围、行政区域内行使执法权，执法主体互不隶属，各自执法，结果是造成"执法真空"与"重复执法"并存的局面，继而形成跨部门、跨区域生态环境执法的难题。在人类与生态环境互动广度和深度持续增加，生态环境问题日益严峻，执法任务愈加繁重的当下，分散型执法导致的治理困境会时常出现，而当生态环境问题突破地区限制，形成跨区域性的生态破坏或环境污染，环境问题区域与执法区域呈现一种非重合现象时，分散型执法的制度弊端就会更加明显。分散型执法体制带来的是跨区域生态环境执法碎片化的问题。法律规定了不同性质、级别、区域的多个主体共同行使执法权，其直接结果是执法依据上的明确性不足、矛盾性凸显，同时也会导致参与执法决策的各个主体目标不一，很难制定统一的执法政策或只能制定宏观性的政策，从而使得执法过程中不断出现怠于执法、重复执法、运动式执法等现象。加上执法资源在各层级、各地区、各部门之间无法实现相互支持、互联共享，

---

[1]　晋海、周龙："论我国环境法的实施困境及其出路——以阿马蒂亚·森的发展理论为视角"，载《河海大学学报（哲学社会科学版）》2014年第1期，第73页。

各个部门共同参与、相互配合的局面也就无法形成。最终，某个部门或某个环节的出错都有可能使整个执法体系走向失败。由此，试图通过跨区域生态环境执法解决问题的愿景不得不受限于分散型执法引发的碎片化困境。

分散型执法体制是执法碎片化的制度性因素，更深层次的原因还在于各个主体基于各自利益而进行的看似理性，实则短视的选择。生态环境问题的公共性意味着问题的解决不能依靠市场，否则就会存在市场失灵的问题，但依靠政府同样会陷入公共选择理论所言的政府失灵的泥潭。不同的政府部门在公共治理行动中都是经济理性人，它们首先会考虑部门利益，而不是整体利益，甚至会为部门利益舍弃整体利益。面对复杂多样、变动不居的生态环境问题，在法律或上级政府要求开展执法合作时，各个部门基于理性计算，不断博弈的结果往往是采取实用主义的策略：当执法有利于本部门、本地区利益时就会参与到执法之中，当与本部门、本地区利益相悖时，它们便会采取灵活变通或消极参与的策略。于是，不同地区、不同层级、不同部门之间的生态环境执法合作都难以有效开展，从这个意义上说，分散型执法体制为各个主体的机会主义行为提供了制度上的理由与借口。

解决跨区域生态环境执法碎片化的途径之一是保留分散型执法体制，通过完善立法，明确规定执法主体所具有的执法权限，但此种做法很难从根本上改变碎片化的局面。因为跨区域生态环境执法的复杂性就在于要面临"一因多果""多因一果""多因多果"的因果关系，而这些因果关系很难在法律上完全厘清，无论采用何种标准划分执法权均难免挂一漏万的弊端。正如有论者所言，"对明确、清晰的追求，出发点是好的，即需要区分权力、明确责任，但是当问题相互关联时，当任何问题都不能脱离其他问题而被单独处理时，这种明晰就成了效率的障碍"。[1]而且，我国的环境保护立法实践也说明了仅仅通过完善立法的措施很难奏效。[2]解决问题的另一个途径是对分散型执法体制本身进行改革，实现执法权由分散到集中的配置。我国目前生态环境执法体制的两项改革，即纵向的省级以下执法体制的垂直改革、横向的综合执法改革都是试图解决执法分散的问题，改革的结果也在很大程度上达到了目的。然而，这两项改革虽然涉及了跨区域执法，但主要内容是区域内生态环境执法体制的重构，主要目的也是为了化解区域内执法的碎片化问题。因此，较为合理的进路是借助协同治理的理念，通过法律和制度构造，消弭不同区域执法主体的合作障碍，使其之间形成一种协同性关系，以化解共同面临的生态环境问题。

随着区域经济一体化进程的推进，跨区域的市场活动不断增多，相伴而生的则是跨区域生态环境问题的不断涌现。单一地区的政府部门无法独立解决这些问题，需要建立健全跨区域合作执法机制，从而降低执法成本，减少公共资源浪费。跨区域生态环境的整体性和环境治理利益的共生性，要求不同区域内的执法主体基于公共利益建立一种跨区域的执法体制，共同应对日益严重的生态环境危机，这种体制即跨区域生态环境协同执法体制。跨区域生态环境协同执法是克服分散型执法弊端，减少执法碎片化现象的有效方法。协同执法在价值理念上应秉承整体主义的环境观，"人类在介入自然时一定要有整体性的立

---

〔1〕 〔法〕皮埃尔·卡蓝默、让·弗雷斯、瓦莱里·加朗多：《破碎的民主：试论治理的革命》，高凌瀚译，生活·读书·新知三联书店2005年版，第11页。

〔2〕 我国在1979年颁布了《环境保护法（试行）》，该法第四章是环境保护机构和职责，该章列举了中央和地方环境保护机构的具体职责，但1989年颁布的《环境保护法》则舍弃了此种立法体例，其原因就在于生态环境问题复杂多变的特点决定了无法通过列举的方式穷尽执法职权职责。

场，采取统一、综合的生态系统保护措施"。[1]跨区域生态环境协同执法应采取一种整体性立场，一种整合性策略，一种"逆部门化、大部门式治理"，[2]以契合生态环境问题的公共性。区域内各生态环境保护主管部门不应只注重各自法规、规章和规范性文件的规定，仅仅代表地方利益，而是应当突破地域限制，破除体制壁垒，成为公共环境利益的代表，根据协同性的要求发挥其在跨区域生态环境治理中的独特地位和功能，在协同执法中担当平等且不可或缺的角色，构建合作、权威、高效的协同执法关系，积极开展不同形式的执法活动，以推动跨区域生态环境治理目标的实现。

---

〔1〕 薄晓波："论环境法的生态系统整体保护原则"，载《吉首大学学报（社会科学版）》2014年第1期，第55页。

〔2〕 Patrick Dunleavy, *Digital Era Governance：IT Corporations，the State，and E-Government*，Oxford：Oxford University Press，2006，p.135.

第二章 CHAPTER 02 跨区域生态环境协同执法的实践模式

面对日益严峻的区域性生态环境问题，特别是一些跨行政区域环境污染事件的出现，对不同行政区域群体造成了广泛影响，从中央到地方，各级政府逐步认识到生态环境问题的跨区域性特征，并展开了跨区域生态环境协同执法的实践探索。就目前来看，各地采取的协同执法方式可以归纳为合作执法、督察执法、专门机构执法三种模式，它们在各自的运行过程中，呈现出不同的特点。

一、横向协同：合作执法模式

跨区域协同执法需要打破区域内分散执法的桎梏，不再仅仅局限于本行政区域内的生态环境问题，而是应当将维护跨区域的生态环境利益作为执法目标。突破行政区域刚性约束的一个重要方式是在保持原有执法主体、执法权限设置不变的前提下，各地生态环境保护主管部门之间建立横向的协同执法机制，进行合作执法。作为我国经济社会发展程度较高的区域，京津冀、长三角地区开展协同执法的起步较早，实践经验较为丰富，学界也给予了充分的关注。京津冀、长三角地区通过加强地方立法、签订协同执法协议、构筑执法保障机制等方式建立了横向的合作执法模式，并分别形成了联动执法与联合执法两种具体合作执法形式。

（一）京津冀的联动执法

京津冀的协同发展是我国区域一体化发展进程中的先驱力量。1986年，经天津市倡导，环渤海地区15个城市共同发起成立了环渤海地区经济联合市长联席会（现为环渤海区域合作市长联席会），这被认为是京津冀地区最正式的区域合作机制。进入21世纪，在中央政府的全力推动下，京津冀的协同发展进入加速期，协同范围全面展开。2014年，京津冀协同发展上升为国家战略；2015年，中央通过《京津冀协同发展规划纲要》；2016年《"十三五"时期京津冀国民经济和社会发展规划》印发实施。当前，三地协同发展的范围已经涵涉经济合作、区域规划、生态环境治理、城市建设、公共服务等多个领域。在这些领域中，"京津冀协同发展中的生态环境协同保护，是推进京津冀协同发展的率先突破口之一"。[1]

京津冀三地比邻而居，日益严重的雾霾使三地深受困扰，因此，三地在生态环境协同治理以及协同执法方面取得了高度共识。《京津冀协同发展规划纲要》将生态环境保护作为京津冀协同发展的重要领域，要求打破行政区域限制，加强生态环境保护和治理，扩大区域生态空间。重点是联防联控环境污染，建立一体化的环境准入和退出机制，加强环境污染治理，实施清洁水行动，大力发展循环经济，推进生态保护与建设，谋划建设一批环首都国家公园和森林公园，积极应对气候变化。2014年10月，三地签署《京津冀水污染突发事件联防联控机制合作协议》；2015年12月，国家发展和改革委员会发布《京津冀协同发展生态环境保护规划》，为京津冀生态环境协同治理指

---

〔1〕 李惠茹、杨丽慧："京津冀生态环境协同保护：进展、效果与对策"，载《河北大学学报（哲学社会科学版）》2016年第1期，第66页。

明了总体目标和任务；同月，京津冀三地环保厅（局）随即签署《京津冀区域环境保护率先突破合作框架协议》，明确以大气、水、土壤污染防治为重点，以联合立法、统一规划、统一标准、统一监测、协同治污、应急联动、环评会商、联合执法、信息共享、联合宣传等 10 个方面为突破口，联防联控，共同改善区域生态环境质量。其中，关于协同执法，该协议规定三地开展联动执法，针对跨区域、跨流域的环境污染以及秸秆焚烧、煤炭、油品质量等区域性环境问题，集中时间，开展联动执法，共同打击违法排污行为。随后，天津市与北京市签署了《关于进一步加强环境保护合作的协议》，与河北省签署了《加强生态环境建设合作框架协议》，三地环境保护部门联合签署了《京津冀水污染突发事件联防联控机制合作协议》等一系列合作协议和文件。

《京津冀协同发展规划纲要》以及上述规划、协议和文件共同构成了京津冀协同治理政策框架，也是三地进行相关地方性立法的基础。

为落实京津冀的合作规划及协议，三地人大分别进行了地方立法，制定了多部有关生态环境协同保护的地方性法规。在大气污染治理方面，《北京市大气污染防治条例》（以下简称《北京大气条例》）2014 年实施，2018 年进行了修正。《北京大气条例》第 23 条规定，市人民政府应当在国家区域联防联控机构领导下，加强与相关省区市的大气污染联防联控工作，建立重大污染事项通报制度，逐步实现重大监测信息和污染防治技术共享，推进区域联防联控与应急联动。2015 年，天津市人大通过了《天津市大气污染防治条例》（以下简称《天津大气条例》），2018 年进行了修正。《天津大气条例》第九章规定了区域大气污染防治协作的内容，其中第 69 条规定："本市与北京市、河北省及周边地区建立大气污染防治协调合作机制，定期协商区域内大气污染防治重大事项。"第 70 条至第 73 条则规定了协同合作的具体内容，包括定期协商、应急联动、重大项目通报、科研合作等。2016 年，河北省人大通过了《河北省大气污染防治条例》（以下简称《河北大气条例》），2021 年进行了修正。《河北大气条例》第五章规定了重点区域联合防治相关内容，其中第 61 条规定，省人民政府应当与北京市、天津市以及其他相邻省、自治区人民政府建立大气污染防治协调机制，定期协商大气污染防治重大事项，按照统一规划、统一标准、统一监测、统一防治措施的要求，开展大气污染联合防治，落实大气污染防治目标责任。该章其余条款还规定了具体的联防联控内容，与《天津大气条例》的规定类似。

在水污染防治协同方面，《天津市水污染防治条例》（以下简称《天津水条例》）采取了与《天津大气条例》相同的立法体例，用单独一章规定了区域水污染防治协作内容。与《天津大气条例》相比，《天津水条例》在具体合作事项中，除规定定期协商、应急联动、重大项目通报、科研合作等内容外，还增加了建立跨区域生态补偿机制的内容。《天津水条例》第 68 条规定，本市建立永久性保护生态区域生态补偿机制，对纳入永久性保护生态区域的饮用水水源保护区实行生态补偿。本市加快建立跨界水环境补偿机制，实行区之间相互补偿。《河北省水污染防治条例》（以下简称《河北水条例》）除增加了跨区域生态补偿外，还增加了建立跨区域责任考核制度的内容。《河北水条例》第 48 条第 2 款规定："建立健全流域上下游人民政府河流跨界断面水质目标责任考核以及生态补偿机制，并定期向社会公布考核结果。具体办法由省人民政府制定。"河北省人大制定的《河北省生态环境保护条例》第六章规定了生态环境协同保护，将上述立法中涉及的生态环境协同保护的具体事项进行了总结性规定。该章规定，河北省生态环境协同治理机制包括定期会商、联动执法、信息共享、跨界纠纷解决、应急联动、生态补偿、科研合作等几个方面。

从京津冀生态环境协同治理的政策文件来看，协同执法构成了三地协同治理的重要内容，也被三地的地方性法规所确认。不过，三地立法中关于协同执法形式的规定并不一致，有联合执法、联动执法两种表达，并且，对于协同执法的具体实体与程序问题，文件中也并未进行具体规定。

2015 年 11 月，京津冀三地的环境保护部门在北京召开首次京津冀环境执法与环境应急联动工作机制联席会议，这次会议启动了京津冀环境执法联动工作机制，并建立了京津冀环境执法联动工作领导小组。由此，三地协同执法的形式在实践中得以具体化为联动执法模式。"联动执法机制是三地在京津冀环境保护合作协议的框架下，针对跨行政区域污染问题与污染事件的排查和处置，通过定期会商、统一执法、联合督查、信息共享等工作制度建立的统一监管执法模式。"[1]

联动执法机制建立后，京津冀三地生态环境保护主管部门（环境保护部门）在每年定期召开会议，2019 年 7 月，京津冀三地生态环境保护主管部门在河北省固安县召开了 2019—2020 年京津冀生态环境执法联动工作会议。会议确立了 2019—2020 年三地联动执法的重点任务。另外，此次会议将联动执法下沉，建立了设区的市和区（市）的联动执法机制，从而使京津冀联动执法的范围进一步扩展，形成了省、设区的市、区（市）三级联动执法的完整体系。会议要求在天津市滨海新区与沧州市、北京市房山区与河北省保定市、北京市密云区与河北省承德市

---

〔1〕　冯汝："跨区域环境治理中纵向环境监管体制的改革及实现——以京津冀区域为样本的分析"，载《中共福建省委党校学报》2018 年第 8 期，第 56 页。

首先进行联动执法试点，2019年10月底之前，京津冀其他相邻地区建立执法联动机制。目前，京津冀正在推动联动执法机制下沉工作，下沉工作完成后，县级生态环境执法部门会成为联动执法的主要力量。在联动执法全面下沉基础上，生态环境执法部门会与其他部门进行联动执法，从而使实际执法主体更加广泛。2018年7月，北京市、河北省开展了大清河、白洋淀流域水环境联动执法行动，大清河、白洋淀流域所属区域的生态环境保护主管部门即与公安、水务等部门进行了联动执法。

京津冀生态环境联动执法机制构成了联防联控机制的重要组成部分，就目前而言，联动执法机制由以下五项具体制度构成：一是定期会商制度，三地的生态环境保护主管部门定期召开会议，商讨联动执法的完善措施，确定在一定时间内三方联动执法的时间、任务、对象、方式等具体问题；二是区域内的联动执法制度，三地生态环境保护主管部门按照统一要求部署、统一人员调配、统一执法时间、统一执法重点，在各自管辖区域内开展执法；三是区域间的交叉执法制度，每年由一地的生态环境保护主管部门牵头组织，三地生态环境保护主管部门相互派遣执法人员到对方管辖区域内进行交叉执法；四是执法后督察制度，针对同时关涉三地的重点案件，在进行联动执法后，各地生态环境保护主管部门对执法对象的整改情况、法律责任追究情况等进行监督检查，保障联动执法效果；五是执法信息共享制度，三地生态环境保护主管部门相互共享本辖区的生态环境执法信息，为联动执法的开展奠定基础。联动执法的范围主要有四个方面：一是跨区域、跨流域环境污染问题；二是饮用水源保护地、自然保护区等生态功能区内的污染问题；三是重大活动日、特殊时期的空气污染问题；四是重大的、突发性的环境污染问题。

事实上，在京津冀联动执法机制建立之前，为保障重大活动的环境质量，三地已经开展过协同执法活动。

2008 年北京奥运会召开之前，在当时的国家环境保护总局牵头下，京津冀等五个省市组建了 2008 年奥运会空气质量保障工作协调小组，负责组织协调五地环境保护部门的执法行动。协调小组制定了《第 29 届奥运会北京空气质量保障措施》，建立了跨区域联动执法机制。为保证奥运会期间的空气质量，在协调小组的部署下，各地统一针对空气污染的两个源头进行了执法：一是对化工、煤炭、钢铁等污染企业，以及产生扬尘的建筑工地进行了检查，对违法排污企业和工地实施了责令停产停业等处罚措施；二是对机动车造成污染的执法，特别是对重型卡车、黄标车、泥头车等进行了专项执法行动。

为保证 2009 年国庆阅兵期间的空气质量，由当时的环境保护部华北环保督查中心牵头，京津冀等地联合成立了"北京护城河"工程领导小组，开展了"北京护城河"工程行动。"北京护城河"工程领导小组是各地协同执法的领导组织，负责进行决策、协调、整合、督促执法活动。领导小组制定了《国庆期间环保"北京护城河"工程实施方案》。该方案规定了区域内各自执法、区域间进行联查、区域交界处联合执法相结合的执法形式。在协同执法过程中，以涉砷、涉铅、涉铬、涉镉等重金属加工企业，危险化学品、医疗废弃物、危险废品等高危污染源为区域内各自执法的重点，以集中饮用水源地、高污染企业、矿山尾矿库、重污染流域等为交界处联动执法的重点。执法后，各地采取在一定期限内进行自我核查和相互核查的方式，确保执法活动落到实处。

2014 年北京 APEC 峰会是继奥运会之后，北京举办的又一项重要的大型活动，在原环境保护部的领导下，京津冀及相邻地区采取了类似筹备奥运会期间的协同执法措施，实施了区域内执法、交叉执法、联合执法相结合的方式，实行国家、省、地"三级联查"机制。值得注意的是，除环境保护部门外，工商、城管、交通均参与了 APEC 峰会期间的协同执法，多元力量的参与成了此次协同执法的特点，是实现"APEC 蓝"的重要因素。

2015 年，京津冀联动执法机制建立后，三地环境保护部门即在当年 12 月份进行了首次联动执法。首次联动执法针对秋冬季节的污染排放特征和高架源排放的输送作用开展执法活动，执法的对象主要有三：一是冶金、电力、水泥、钢铁等高污染企业；二是供暖燃煤锅炉和重点行业挥发性有机物排放源；三是当地空气重污染应急预案规定的需实施停限产、停工等应急减排措施的排污单位。在京津冀生态环境联动执法机制下，三地联动执法成为常态，联动执法开展得更为频繁，京津冀区（市）一级生态环境保护主管部门（环境保护部门）的联动执法成为重要形式。近几年，京津冀三地联动执法的典型事例如下表所示：

时间	主体	事件
2015 年 12 月	北京市、天津市、河北省的环境保护部门	针对秋冬季节的污染排放特征和高架源排放的输送作用的执法
2017 年 5 月	天津市蓟州区、河北省唐山市玉田县的环境保护部门	针对交界处的 1 家非法石料加工厂、3 家搅拌站、3 家制砖厂进行的执法
2018 年 5 月	天津市、河北省的生态环境保护主管部门	针对唐山市汉沽管理区一家玻璃企业的执法
2018 年 5 月	北京市昌平区、河北省张家口市的生态环境保护主管部门	针对北京市生活垃圾非法跨界转运的执法

时间	主体	事件
2018 年 5 月	北京市房山区、河北省涿州市的生态环境保护主管部门	针对交界处非法砂石料厂的执法
2018 年 7 月	北京市、河北省的生态环境保护主管部门	针对大清河、白洋淀流域的执法
2019 年 8 月	北京市、河北省的生态环境保护主管部门	针对大石河、小清河及北排河、潮河交界区域的执法
2019 年 12 月	北京市、天津市、河北省的生态环境保护主管部门	针对永定河、拒马河、滦河和蓟运河等省际边界河流的执法
2020 年 8 月	北京市、天津市、河北省的生态环境保护主管部门	针对三地机动车和非道路移动机械排放污染的执法

京津冀联动执法机制建立后对于提升整个区域的生态环境质量起到了非常重要的作用。以大气污染防治为例，根据生态环境部发布的《中国生态环境状况公报》，[1]除 2014 年统计口径不一致，无法比较之外，从 2013 年到 2019 年，总体上看，京津冀地区城市大气污染统计数据中，区域城市的优良天数比例和达标比例不断增加，污染程度不断降低。在联动执法机制的作用下，京津冀地区的大气污染状况有了较大改善。

---

〔1〕 参见 2013 年至 2019 年生态环境部发布的《中国生态环境状况公报》，2017 年前为《中国环境状况公报》。

年度	城市数量	优良天数	污染程度
2013年	13个	达标天数比例范围为10.4%~79.2%，平均为37.5%	重度及以上污染天数比例为20.7%，10个城市的达标天数比例低于50%
2015年	13个	达标天数比例在32.9~82.3%之间，平均为52.4%，比2014年上升9.6个百分点，比2013年上升14.9个百分点	平均超标天数比例为47.6%，其中轻度污染、中度污染、重度污染和严重污染天数比例分别为27.1%、10.5%、6.8%和3.2%
2016年	13个	优良天数比例范围为35.8~78.7%，平均为56.8%，比2015年上升4.3个百分点；9个城市的优良天数比例在50%~80%之间，4个城市的优良天数比例低于50%	平均超标天数比例为43.2%，其中轻度污染为25.3%，中度污染为8.8%，重度污染为7.0%，严重污染为2.2%
2017年	13个	优良天数比例范围为38.9%~79.7%，平均为56.0%，比2016年下降0.8个百分点；8个城市的优良天数比例在50%~80%之间，5个城市的优良天数比例低于50%	平均超标天数比例为44.0%，其中轻度污染为25.9%，中度污染为10.0%，重度污染为6.1%，严重污染为2.0%
2018年	28个	优良天数比例范围为41.4%~62.2%，平均为50.5%，比2017年上升1.2个百分点，16个城市的优良天数比例在50%~80%之间、12个城市的优良天数比例低于50%	平均超标天数比例为49.5%，其中轻度污染为32.0%，中度污染为11.5%，重度污染为5.2%，严重污染为0.8%

续表

年度	城市数量	优良天数	污染程度
2019 年	28 个	优良天数比例范围为 41.1%~65.8%，平均为 53.1%，比 2018 年上升 2.6 个百分点；14 个城市的优良天数比例在 50%~80% 之间，14 个城市的优良天数比例低于 50%	平均超标天数比例为 46.9%，其中轻度污染为 32.1%，中度污染为 9.4%，重度污染为 4.9%，严重污染为 0.6%

（二）长三角的联合执法

长三角是我国经济发展水平最高的区域，也是世界六大城市群之一。2019 年 12 月 1 日，中共中央、国务院发布《长江三角洲区域一体化发展规划纲要》，指出长江三角洲的区域范围包括上海市、江苏省、浙江省、安徽省全域。与京津冀地区相同，长三角地区的生态环境协同治理也是在区域经济一体化的背景下展开的，并形成了以上海和南京为中心的"双核领导的中心协调结构"，[1]在上海和南京的带动下，协同治理的过程经历了从地方探索到国家战略的发展路径。

第一，省级层面的协同治理。2002 年，上海、浙江、江苏三地率先提出建设"绿色长江三角洲"的倡议，决定在区域生态环境保护与治理方面加强合作。2003 年，三地成立长江三角洲地区环境安全与生态修复研究中心，长三角生态环境省级层

---

〔1〕 双核领导的中心协调结构是对长三角生态环境合作治理模式的一种概括。上海、南京作为长三角最为发达的两个区域在合作治理中承担领导作用，建立治理网络，其他地区基于共同的目标加入网络开展生态环境治理。在治理网络中，上海和南京相互制衡，平衡各网络成员的利益，对成员之间的冲突进行协调，促进成员合作和共享，从而以较低的成本实施生态环境治理。参见马捷、锁利铭："城市间环境治理合作：行动、网络及其演变——基于长三角 30 个城市的府际协议数据分析"，载《中国行政管理》2019 年第 9 期，第 44~45 页。

面的协同治理拉开帷幕。2004年6月，上海、江苏、浙江的环境保护部门共同发表《长江三角洲区域环境合作宣言》，该宣言提出破除行政区划限制，在区域生态环境保护方面进行合作的倡议。2008年12月，三地又共同签订《长江三角洲地区环境保护工作合作协议（2008—2010年）》（以下简称《长三角协议》），此项协议是江浙沪三地有关生态环境协同治理较为完善的契约性文件。《长三角协议》提出了明确的协同目标，合作内容较为全面，包含了统一区域环境准入、污染物排放、排污费征收等环境保护标准，建立了跨界水污染、大气污染、辐射污染等协同治理的联合办公、监测预警、应急响应、信息共享等制度，同时，三地要开展强化联合执法检查，共同打击环境违法行为。随后，针对跨界环境污染中纠纷处置应急联动的具体问题，2009年7月，上海、江苏、浙江的环境保护部门联合签署了《长三角地区跨界环境污染纠纷处置的应急联动工作方案》。2013年4月，长江三角洲城市经济协调会第十三次市长联席会议召开，22个成员城市负责人共同签署了《长三角城市环境保护合作（合肥）宣言》（以下简称《长三角宣言》）。《长三角宣言》提出把长三角打造成"绿色长三角"，共同构建区域环境保护体系，共同推进区域环境质量改善，创新多主体参与环境保护模式，促进区域生态环境安全。2013年5月，安徽省加入协同治理，与上海、江苏、浙江共同签订《长三角地区跨界环境污染事件应急联动工作方案》（以下简称《长三角方案》）。根据《长三角方案》，"三省一市"要建立各级跨界环境污染纠纷处置和应急联动机制，在跨界纠纷处置中需要坚持共保共赢、属地负责、预防为主、开放创新四个原则。纠纷发生前，各地要加强预警工作及时了解重点污染源及环境状况，定期或不定期开展联合执法、联合监测防治纠纷的发生，纠纷发生时，"三省一市"应立即启动联动机制，及时将情况报请当地及相关政府，协同做好污染控制和应急处置工作，开展联合执法查清污染范围、来源及责任，必要时可以采取限产、停产等措施。

第二，省级以下层面的协同治理，2002 年，江苏省的苏州市与浙江省的嘉兴市签署《江苏盛泽和浙江王江泾边界水域水污染联合防治方案》。2011 年 3 月，浙江省的杭州、湖州、嘉兴、绍兴四市共同发表了《关于加强杭湖嘉绍边界区域环境监管协作的共同宣言》（以下简称《杭湖嘉绍宣言》），四地宣布在以下几个方面建立边界区域环境监管协作机制：一是组织建设方面，针对边界生态环境问题，《杭湖嘉绍宣言》要求成立四地联合应对小组，共同建设环保公共基础设施，应对污染事故，提升边界环境承载力，保障边界环境安全；二是重大环境保护事项方面，包括在重大环境违法案件、重大环境舆情处理、重大工程项目审批、重大污染事件应对诸方面建立信息共享、协同监管机制；三是环境保护联合执法方面，《杭湖嘉绍宣言》规定四地每年开展不少于四次的联合执法，环境保护部门可以经过相互授权，开展跨界执法检查，执法过程中收集的证据交由属地环境保护部门进行处理；四是突发事件应急联动方面，《杭湖嘉绍宣言》要求实现相邻地区的信息联动，在边界地区出现突发环境污染事故，并可能造成相邻地区环境污染时，事故发生地的环境保护部门应当及时通知相邻地区。为保障 2013 年亚青会和 2014 年青奥会期间南京市的空气质量，2012 年 2 月，江苏省的南京市与本省的常州市、镇江市、扬州市、淮安市、泰州市以及安徽省的马鞍山市、滁州市政府签订了《"绿色奥运"区域大气环境保障合作协议》，这是江苏省市级环境保护部门直接参与的协同治理合作协议。2014 年 5 月，浙江省的嘉兴市、湖州市与上海市的嘉定区、金山区、青浦区，江苏省的苏州市签署了《沪苏浙边界区域市级环境污染纠纷处置和应急联动工作方案》，这是跨越省级行政区域，不同市（区）的环境保护部门之间协同治理的政策文件。与京津冀地区侧重省级层面的协同治理相比，长三角地区在省级协同的同时，合作的触角不断延伸至市级层面，生态环境协同治理的广度和深度都大为加强。

第三，国家层面的协同治理。在长三角各地不断开展生态环境保护协同治理的探索实践之时，国家也对此也进行了及时而必要的回应，出台了相关政策。2010 年，国务院印发《长江三角洲地区区域规划》，明确长三角地区包括上海市、江苏省和浙江省；2016 年，国家发展和改革委员会、住房和城乡建设部印发《长江三角洲城市群发展规划》，进一步将长三角地区扩容到"三省一市"；2018 年 11 月，长三角一体化正式成为国家战略。2019 年 12 月 1 日，《长江三角洲区域一体化发展规划纲要》（以下简称《长三角纲要》）发布。《长三角纲要》第六章以"强化生态环境共保联治"为标题，第三节以"推动生态环境协同监管"为标题，要求健全区域环境治理联动机制。强化源头防控，加大区域环境治理联动，提升区域污染防治的科学化、精细化、一体化水平。统一区域重污染天气应急启动标准，开展区域应急联动。加强排放标准、产品标准、环保规范和执法规范对接，联合发布统一的区域环境治理政策法规及标准规范，积极开展联动执法，创新跨区域联合监管模式。强化环境突发事件应急管理，建立重点区域环境风险应急统一管理平台，提高突发事件处理能力。探索建立跨行政区生态环境基础设施建设和运营管理的协调机制。充分发挥相关流域管理机构作用，强化水资源统一调度、涉水事务监管和省际水事协调。发挥区域空气质量监测超级站作用，建设重点流域水环境综合治理信息平台，推进生态环境数据共享和联合监测，防范生态环境风险。[1]2020 年 7 月，生态环境部召开常务会议，审议并通过了《长江三角洲区域生态环境共同保护规划》《2020 年上半年生态环境形势和重点工作进展分析报告》两份文件。

随着长三角协同治理进程的不断加快，"三省一市"均通过地方性法规的形式将协同治理的成果加以制度化。具体表现为，各地对原来的大气污染防治条例进行了修改，专章规定了区域协同治理的有关内容。《浙江省大气污染防治条例》第四章有关区域大气污染联合防治的条款涉及两项内容：一是浙江省要与长三角区域省、直辖市以及其他相邻省建立大气污染联合防治机制。具体包括沟通协调、信息共享、联合执法、应急响应、环境政策统一等具体内容。二是建立浙江省内大气污染防治重点区域协同治理机制。省政府有权确定本省大气污染防治的重点区域，开展联合执法、跨区域执法、交叉执法，查处大气污染防治重点区域内大气污染违法行为。设区的市的政府有权就跨界纠纷进行协商解决。值得注意的是，大气污染防治重点区域内，有关设区的市建设可能对相邻地区大气环境产生重大影响的项目，应当向相邻地区及时通报有关信息，进行会商，会商意见及其采纳情况作为环境影响评价文件审查或者审批的重要依据。即是说，会商的意见可以被各设区的市的环境影响评价部门承认，并作为重要依据。此项规定虽然不是跨区域执法结果的直接互认，但无疑是一个不小的进步。[2]《上海市大气污染防治条例》第六章规定了长三角区域大气污染防治协作的内容。该条例除总体规定要建立长三角区域大气污染协调合作机制之外，还具体规定了以下三项内容：一是突出交通工具大气污染

----

〔1〕　参见《长三角纲要》。

〔2〕　参见《浙江省大气污染防治条例》第 47 条至第 52 条。

防治的协调，包括实施机动车国家排放标准，制定货运汽车和长途客车更新淘汰标准，推进船舶使用低硫油、靠泊船舶采用岸基供电等具体措施；二是具体规定了协同执法的范围，上海市人民政府应当会同长三角区域相关省，在防治机动车污染、禁止秸秆露天焚烧等领域，探索区域大气污染联动执法；三是具体规定了长三角大气污染防治信息共享的范围，包括大气污染源信息、大气环境质量监测信息、气象信息、机动车排气污染检测信息、企业环境征信信息、可能造成跨界大气影响的污染事件、各方协商确定的其他信息七类。[1]相较于浙江省的立法，上海市的立法更加具体，特别是规定了在机动车污染、秸秆露天焚烧两个领域可以开展联动执法。《安徽省大气污染防治条例》将区域大气污染防治与省内城市大气污染防治合并规定于第三章当中，关于大气污染区域协同治理的条文是第 31 条，该条规定了区域协调机制的具体内容，包括应急联动、环评会商、联动执法、信息共享、科研合作等。《江苏省大气污染防治条例》侧重对江苏省内大气污染防治重点区域，省与设区的市政府部门，以及各设区的市政府部门之间的协同机制的规定。[2]

值得注意的是，2019 年 12 月 26 日上午，上海市生态环境局、江苏省生态环境厅、浙江省生态环境厅、安徽省生态环境厅在上海市环境科学研究院召开了长三角地区生态环境行政处罚自由裁量基准规定一体化工作研讨会。随后，"三省一市"的生态环境保护主管部门联合制定了《长三角地区生态环境行政处罚自由裁量基准规定（试行）》（以下简称《长三角规定》）。《长三角规定》虽然只有 15 条，在性质上应属于地方政府规章，而非地方性法规，但鉴于我国跨区域协同治理尚未成熟的现实，

---

〔1〕 参见《上海市大气污染防治条例》第 65 条至第 72 条。

〔2〕 参见《江苏省大气污染防治条例》第 73 条至第 75 条。

其无论是在跨区域生态环境协同立法，抑或协同执法之中都具有重要价值，值得着重分析。在制定主体上，《长三角规定》由长三角地区省级生态环境保护主管部门联合制定，体现了较强的协调性。在适用范围上，《长三角规定》适用于长三角地区生态环境保护主管部门进行行政处罚自由裁量之时，而非行政处罚的整个环节。即是说，当各地生态环境保护主管部门决定对相对人进行行政处罚，以及何种行政处罚后，各处罚主体应当根据《长三角规定》规定的裁量依据确定处罚的幅度，即是否从重、从轻或免于处罚。当然，《长三角规定》也对行政处罚前的调查、告知和听证、处罚决定三个阶段进行了原则性规定。在裁量体系上，《长三角规定》只对长三角地区使用频率高、关系公众切身利益和公共利益的行政处罚条款设定了统一的生态环境违法行为裁量表，长三角地区生态环境保护主管部门应当遵照使用。对于未作规定的其他行政处罚条款，长三角地区生态环境保护主管部门可自行补充设定生态环境违法行为裁量表并在行政辖区内发布实施。因此，《长三角规定》对重要的行政处罚裁量标准进行了统一规定，对重要性不强的行政处罚并未统一规定，这样就既在关键领域实现了一致，又尊重了各地的具体情况，实现了统一性与多样性并存。《长三角规定》制定后，2020 年 6 月 6 日，"三省一市"生态环境厅（局）在长三角区域污染防治协作小组会议上共同签署《协同推进长三角区域生态环境行政处罚裁量基准一体化工作备忘录》，进一步推进了长三角地区生态环境处罚标准的统一化步伐。

不断强化组织建设，以组织建设推动执法实践是长三角地区生态环境协同执法的重要特点。2013 年 5 月，"三省一市"共同签署《长三角方案》之后，根据要求，长三角地区跨界环境污染纠纷处置和应急联动工作领导小组随即设立。小组的职责是制定整体工作规划，协调、处置重大跨界环境污染纠纷和突发环境事件。领导小组由"三省一市"生态环境保护主管部门分管应急工作的领导组成，设一名执行组长，由四地领导轮流担任，主要负责牵头制定和实施当年工作计划，领导小组下设办公室，负责工作计划的落实和召开联席会议。根据《长三角方案》，四地联席会议原则上每半年召开一次，也可视情况召开临时会议。领导小组办公室下设联络员，负责各地生态环境保护主管部门之间的信息沟通和联络工作。

长三角地区跨界环境污染纠纷处置和应急联动工作领导小组针对的是跨界内所有环境要素的污染问题，除该小组外，长三角各地针对单个环境要素的问题也设置了协同治理机构，比较典型的是长三角区域大气污染防治协作小组和长三角区域水污染防治协作小组。

2014年1月，浙江省、上海市、安徽省、江苏省会同国务院有关部委成立了长三角区域大气污染防治协作小组，制定了《长三角区域大气污染防治协作小组工作章程》，并首次召开了长三角区域大气污染防治协作机制工作会议，会议决定协作小组每年召开一次会议，讨论长三角大气污染协同治理议题。根据该工作章程，协作小组的主要职责包括：一是实施国家大气污染防治的方针政策，落实重要部署，推动长三角地区大气污染防治联防联控；二是促进长三角地区大气环境保护工作的沟通交流，协调解决区域突发重大的大气污染事件；三是推进长三角地区大气环境标准对接，预报预警、信息共享、联合执法、应急联动、科研合作等工作。协作小组还设立了专家小组，由其负责区域大气环境问题研判、总结大气污染防治的进展和效果评估等工作。2016年12月，长三角区域大气污染防治协作小组第四次会议暨长三角区域水污染防治协作小组第一次工作会议在杭州召开。会议审议通过了《长三角区域水污染防治协作小组工作章程》，成立了长三角区域水污染防治协作小组，水污染防治协作小组的部门设置、职能职权与大气污染防治协作小组基本相同。为强化彼此沟通，这两个小组设立了协作小组办公室，明确了协作机制的具体原则，实现了大气和水污染防治上的协商统筹、责任共担、信息共享、联防联控。2018年，"三省一市"的生态环境保护主管部门将上述两个章程进行了修改，并将两个小组的会议合并举行，共同商讨每年的协同治理事宜。两个章程使得协作小组具备了规则基础，在小组的领导下，长三角地区的协同治理在多方面、多层次不断展开，先后通过了《长三角区域落实大气污染防治行动计划实施细则》《长三角区域协同推进高污染车辆环保治理的行动计划》等一系列协同治理的文件政策。

　　除上述协同治理机构外，长三角地区还设置了专门的协同执法机构，较为典型的是由浙江省的杭州市、湖州市、嘉兴市、绍兴市四城市于2008年成立的杭湖嘉绍边界环境联合执法小组。该小组领导由组长1名、副组长4名、执行副组长1名组成，负责制定联合执法计划，具体执法队伍由四个地级市及边界相关区级环境执法队伍组成。小组设立后分别制定了《2008年杭湖嘉绍地区边界环境联合执法实施方案》和《杭湖嘉绍边界环境联合执法工作制度》等。根据这两个文件，四地执法主体可以联合开展排查饮用水源地污染企业，查处边界地区环境违法行为，处置跨界突发污染事件和危险废物违法转移案件等执法活动。自该环境联合执法小组建立以来，四地环境保护部门广泛合作、全力配合、全面开展环境联合执法工作，先后10次开展跨行政区域环境联合执法行动，仅杭州市环境监察支队就出动环境监察人员280余人次，检查企业近百家，成功处理了杭州与绍兴边界的白洋川流域水污染纠纷案、杭州与湖州边界的生活垃圾污染案、湖州善琏镇关塘村危险废物跨界转移倾倒案、印染污泥跨界倾倒案等跨界环境污染案件。

除杭湖嘉绍边界环境联合执法行动外，长三角地区生态环境协同执法实践不断向纵深发展，特别是近几年呈现出方兴未艾的势头，主要的执法活动如下表所示：

时间	主体	事件
2018 年 9 月	上海市、江苏省、浙江省、安徽省的生态环境保护主管部门	针对上海化学工业区内两家排放挥发性有机物的企业的执法
2019 年 3 月	上海市金山区、浙江省平湖市的生态环境保护主管部门	针对金山卫镇卫九路两地交界地块的生产型企业排污行为的执法
2019 年 4 月	浙江省余杭区、浙江省海宁市的生态环境保护主管部门	针对交界区域垃圾偷倒行为的执法
2019 年 8 月	浙江省余杭区、浙江省海宁市的生态环境保护主管部门	针对交界处塑料加工厂大气污染行为的执法
2019 年 8 月	上海市青浦区、浙江省嘉兴市嘉善县、江苏省苏州市吴江区的生态环境保护主管部门	针对汾湖水葫芦污染、太浦河流域污染的执法

与京津冀的情况相同，由于长三角的联合执法机制的作用，长三角地区的生态环境治理不断取得成果。以大气污染防治为例，根据生态环境部发布的《中国生态环境状况公报》，[1]在长

---

〔1〕 参见生态环境部发布的 2013 年、2015 年至 2019 年《中国生态环境状况公报》，2013 年、2015 年、2016 年为《中国环境状况公报》。

三角区域大气污染防治协作小组的领导下，通过持续开展大气
污染防治的协同执法，整体区域的空气质量持续改善。

年度	城市数量	优良天数	污染程度
2013 年	25 个	达标天数比例范围为 52.7%～89.6%，平均为 64.2%；舟山和丽水 2 个城市的空气质量达标天数比例介于 80%～100%，其他 23 个城市的达标天数比例介于 50%～80%	超标天数中，重度及以上污染天数比例为 5.9%
2015 年	25 个	达标天数比例在 61.5%～90.8% 之间，平均为 72.1%，比 2014 年上升 2.6 个百分点，比 2013 年上升 7.9 个百分点；6 个城市的达标天数比例在 80%～100% 之间，19 个城市的达标天数比例在 50%～80% 之间	平均超标天数比例为 27.9%，其中轻度污染、中度污染、重度污染和严重污染天数比例分别为 20.9%、4.6%、2.3% 和 0.1%
2016 年	25 个	城市优良天数比例范围为 65.0%～95.4%，平均为 76.1%，比 2015 年上升 4.0 个百分点；7 个城市的优良天数比例在 80%～100% 之间，18 个城市的优良天数比例在 50%～80% 之间	平均超标天数比例为 23.9%，其中轻度污染为 19.0%，中度污染为 3.9%，重度污染为 0.9%，无严重污染

年度	城市数量	优良天数	污染程度
2017 年	25 个	优良天数比例范围为 48.2~94.2%，平均为 74.8%，比 2016 年下降 1.3 个百分点；6 个城市的优良天数比例在 80%~100% 之间，18 个城市的优良天数比例在 50%~80% 之间，1 个城市的优良天数比例小于 50%	平均超标天数比例为 25.2%，其中轻度污染为 19.9%，中度污染为 4.4%，重度污染为 0.9%，严重污染为 0.1%
2018 年	41 个	优良天数比例范围为 56.2%~98.4%，平均为 74.1%，比 2017 年上升 2.5 个百分点；11 个城市的优良天数比例在 80%~100% 之间，30 个城市的优良天数比例在 50%~80% 之间	平均超标天数比例为 25.9%，其中轻度污染为 19.5%，中度污染为 4.5%，重度污染为 1.9%，严重污染不足 0.1%
2019 年	41 个	优良天数比例范围为 56.5~98.1%，平均为 76.5%；15 个城市的优良天数比例在 80%~100% 之间，26 个城市的优良天数比例在 50%~80% 之间	平均超标天数比例为 23.5%，其中轻度污染为 19.5%，中度污染为 3.5%，重度污染为 0.6%，严重污染不足 0.1%

除京津冀、长三角建立了整体化的协同执法机制外，多地政府部门还专门针对某个流域建立了合作执法机制。2008 年 8 月，江浙沪三地签署了《关于太湖水环境治理和蓝藻应对合作协议框架》（以下简称《框架协议》），以太湖流域的治理为突破口，开始全面推进协同治理。《协议框架》确定要开展太湖水环境治理跨区域合作，建立协商机制，实施重点治污工程，集

中在太湖出入口和跨界河流域治理方面展开合作。为加强洞庭湖流域协同执法，湖南省的益阳、岳阳、常德三市于 2019 年 11 月签署了《洞庭湖区域联合执法合作框架协议》（以下简称《洞庭湖协议》）。根据《洞庭湖协议》，三地以"统一指挥、依法依规、协同打击"为原则，在洞庭湖水域建立"谁发现、谁执法、谁处置"的联合执法机制。联合执法人员来自公安、水利、生态环境、交通运输、农业农村、林业等多个部门的抽调人员，联合执法行动则以洞庭湖跨界水域非法采砂、侵占湖泊、非法设障、乱排偷排、非法捕捞等违法行为为重点展开。同时，三地还建立了洞庭湖水域涉水违法案件处置联合办理机制，执法单位发现需协助查办的应及时发出协查通报，有关单位积极配合、主动反馈违法线索，形成深挖彻查工作合力，共同查处涉水违法案件。

二、纵向协同：督察执法模式

除不同区域的生态环境保护主管部门以横向合作执法的方式形成协同关系外，协同执法的另一种模式是纵向的督察执法模式。所谓督察执法模式，是指借助政府行政级别形成的领导与被领导、监督与被监督的科层制关系，由上级政府及生态环境保护主管部门监督下级政府及其生态环境保护主管部门执法活动的模式。这一模式在实践中又表现为两种情况：一是下级执法部门对跨区域生态环境问题不存在争议，环境执法能够顺利开展时，上级政府对下级政府部门的执法行为进行检查、督促、考核以保证执法效果；二是下级执法部门间对跨区域生态环境问题存在争议，环境执法难以顺利开展时，上级政府对下级政府部门间的执法行为进行安排、协调、统筹，以解决争议、消除矛盾。督察执法模式通过上级政府对下级政府法定的监督强制力，推动协同执法关系的构造，进而促进跨区域生态环境问题的化解。

我国在 1989 年《环境保护法》中就已经对督察执法模式进行了原则性规定，该法第 15 条明确规定对于跨行政区的环境污染和环境破坏的防治工作，可以由上级人民政府协调解决。2015 年实施的新《环境保护法》对此项规定予以继承。同时，督察执法模式在 2017 年修正的《水污染防治法》第 28 条和 2018 年修正的《大气污染防治法》第 92 条中亦有所体现。[1] 2010 年 12 月 15 日，原环境保护部发布《环境行政执法后督察办法》。《环境行政执法后督察办法》第 13 条规定，对下级人民政府环境保护主管部门作出的环境行政处罚、行政命令等具体行政行为，上级人民政府环境保护主管部门可以按照本办法的规定对其执行情况进行后督察，并将督察情况、存在问题、处理意见等及时向下级人民政府环境保护主管部门反馈，同时责成下级人民政府环境保护主管部门依法进行处罚或者处理。2015 年 7 月，中央全面深化改革领导小组第十四次会议审议通过了《环境保护督察方案（试行）》，提出建立环保督察工作机制，严格落实环境保护主体责任，并将督察范围扩大至地方党委与政府。2019 年 6 月，中共中央办公厅、国务院办公厅印发《中央生态环境保护督察工作规定》（以下简称《工作规定》），对中央生态环保督察的组织机构和人员、督察对象和内容、督察程序和权限、督察纪律和责任等问题进行了规定。值得注意

---

〔1〕《水污染防治法》第 28 条规定，国务院环境保护主管部门应当会同国务院水行政等部门和有关省、自治区、直辖市人民政府，建立重要江河、湖泊的流域水环境保护联合协调机制，实行统一规划、统一标准、统一监测、统一的防治措施。《大气污染防治法》第 92 条规定，国务院生态环境主管部门和国家大气污染防治重点区域内有关省、自治区、直辖市人民政府可以组织有关部门开展联合执法、跨区域执法、交叉执法。

的是，《工作规定》将生态环境质量呈现恶化趋势的区域流域以及整治情况规定为督察内容之一，明确督察执法的对象包括跨区域生态环境问题。

与京津冀、长三角以地方立法规范协同执法事项的做法不同，地方党和政府主要通过制定规范性文件，而非立法的方式落实中央通过的上述《工作规定》，并对生态环境督察事项进行规范。山东省、安徽省、贵州省、吉林省等地的政府分别制定了各自的生态环境保护督察办法或生态环境保护督察工作实施办法，北京市政府则制定了《北京市贯彻〈中央生态环境保护督察工作规定〉实施办法》。这些规范性文件的体例和内容基本与中央的《工作规定》相似。值得一提的是，《山东省生态环境保护督察工作实施办法》的体例与内容较为不同，该办法将山东省环保督察的方式规定为例行督察、专项督察、驻区督察，并且，以每种方式为一章分别规定了督察对象、内容和程序等问题。尽管地方规范性文件的法律位阶低于地方性法规和规章，但其为刚刚起步的生态环境督察奠定了规范基础，保证了督察工作的法治化。

现实中，督察执法模式首先为国家生态环境保护主管部门所采用，国家积极开展中央督察，"通过政治动员、法律和行政命令、战略规划等嵌入方式，加强国家对区域合作的介入"。[1]督察执法成为中央治理区域生态环境，化解区域协同执法问题的有力工具。在上述 2015 年 7 月中央通过的《环境保护督察方案（试行）》中，原环境保护部的"环境保护督察"升格为"中央环境保护督察"；2016 年，中央环境保护督察机制正式启动。2018 年，为与国家机构改革相协调，中央生态环境保护督察正

---

〔1〕 邢华："我国区域合作的纵向嵌入式治理机制研究：基于交易成本的视角"，载《中国行政管理》2015 年第 10 期，第 81 页。

式更名为中央生态环境保护督察。中央生态环境保护督察机制并没有设置专门或常设的督察职能部门，当需要进行督察执法活动时，会通过成立若干中央生态环境保护督察组开展活动，同时，根据《工作规定》，成立了中央生态环境保护督察工作领导小组，负责组织协调推动中央生态环境保护督察工作。生态环境部则设立了中央生态环境保护督察办公室，负责日常的政策制定、组织协调、督察问题等工作。另外，为开展跨区域的督察执法，从 2006 年开始，原环境保护部先后设立了华北、西南、华东、西北、华南、东北六个督察局，作为派出机构，由其承担跨省级区域重大环境纠纷的协调处理工作，并对各地环境保护执法行为进行督察。六个督察局根据下辖的省级行政区域设立若干督察处，负责每个省级行政区的督察执法工作。同时，我国地方生态环境保护主管部门也设置了相应的生态环境保护督察机构，负责地方的督察执法工作。

在实践层面，2015 年 12 月，中央环境保护督察执法制度在河北省进行试点，随后，2016 年 7 月和 11 月、2017 年 4 月和 8 月，中央环境保护督察组分四批对 30 个省（区、市）开展督察，实现了全国 31 个省（区、市）的督察全覆盖。首轮督察取得了良好效果，在督察过程中共受理群众信访举报 13.5 万余件，累计立案处罚 2.9 万家企业，罚款约 14.3 亿元，立案侦查 1518 件，拘留 1527 人；约谈党政领导干部 18 448 人，问责 18 199 人。2019 年 7 月，第二轮中央生态环境保护督察全面启动，预计会用四年时间完成第二轮督察执法工作。

从中央与地方生态环境保护督察的立法和实践来看，督察执法模式主要有例行督察、专项督察、派驻督察三种形式。例行督察是督察机构根据有关法律法规、文件政策，对被督察对象采取的常态化、定期性的督察活动。专项督察是督察机构针对特定的生态环境问题，对特定的被督察对象进行的专门性、临时性的督察活动。派驻督察则是由督察机构派出专门督察组织或人员，长期或在一定期限内进驻被督察对象单位，对其进行督察的活动。如下表所示，例行督察、专项督察和派驻督察在督察事项、内容等方面有所不同。

督察方式	督察内容
例行督察	1. 生态环境保护的法律法规、政策制度，党政责任的贯彻落实情况。 2. 突出的生态环境问题、公众反映强烈的生态环境问题的处理情况。 3. 生态环境问题立案、查处、移交、审判、执行等环节非法干预，以及不予配合等情况。
专项督察	1. 上级政府部门要求督察的事项。 2. 重点区域、重点领域、重点行业突出的生态环境问题。 3. 生态环境保护督察整改不力的典型案件。
派驻督察	1. 生态环境保护法律、法规、标准、政策、规划的执行情况及阶段性重要任务的完成情况。 2. 生态环境保护督察反馈意见的整改落实情况。 3. 生态环境信访举报、群众反映案件的处理情况。

另外，督察执法模式的运作过程通常包括动员、进驻、反馈、整改、问责、"回头看"等环节。督察执法模式的重要特点是问责体现在督察的整个过程之中。"中央环保督察的目标既在'督企'，更在'督政'。中央环保督察重点督察地方党政领导干部落实国家环境决策部署、解决突出环境问题和落实环保主体责任的情况。"[1]在督察组进驻期间，实现边督边改，地方根

---

〔1〕　张明皓："环保督察背景下基层政府的环境治理逻辑"，载《华中农业大学学报（社会科学版）》2020年第4期，第27页。

据督察组转交的信访举报问题，对存在失职失责的主体进行问责。进驻结束之后，督察组会向地方移交生态环境损害责任追究案件。在整改过程中，地方主动对整改工作不力的责任人开展问责，或者是根据专项督察发现的问题进行追责问责。

三、整合协同：专门机构执法模式

所谓整合协同是针对区域内某种生态环境要素或某个生态环境区域，通过整合分散于各地方政府及其部门的生态环境执法权，设立新的专门性机构，统一进行执法的一种协同模式，通常而言，专门机构执法模式较多地适用于解决江河湖泊等流域性生态环境问题。

专门机构执法模式实际上就是对不同主体执法权的整合与配置，其需要将原区域内政府或政府部门的相关执法权限进行梳理，并将其与原部门分离，在此基础上加以整合，重新设立一个专门的执法机构，由其统一行使针对该流域的生态环境执法权。除前述合作执法模式与督察执法模式外，在我国当前的协同执法实践中，将分散于各区域的执法权加以整合，以各个江河湖泊为管理单位成立流域生态环境保护机构也是较为普遍的执法协同方法。就中央层面而言，国务院在 1985 年即成立水资源保护办公室，作为原水利电力部太湖流域管理局的内设部门。1987 年，国家成立由原水利电力部、原国家环境保护局双重领导的太湖流域水资源保护办公室。1991 年，太湖流域水资源保护办公室更名为太湖流域水资源保护局，实行水利部和原国家环境保护局双重领导。2002 年，太湖流域水资源保护局成为水利部太湖流域管理局的单列机构。在地方层面，广东省于 2008 年成立了流域管理委员会，作为议事协调机构，负责广东省范围内各大流域水资源保护、管理的协调和决策工作。此外，广东省还成立了东江流域管理局、北江流域管理局、西江流域管理局和韩江流域管理局四个流域管理机构，分别负责不同流域的水资源管理工作。2010年，辽宁省设立了辽河保护区管理局。不过，这些流域管理机构在行政序列上隶属水行政主管部门，履行的是水行政管理职责，虽然水行政管理职责与生态环境管理职责在诸如水资源保护等方面存在重合之处，但二者在主要职责方面存在差异，行政序列上并不隶属于环境保护部门。

2015年9月21日，中共中央、国务院发布了《生态文明体制改革总体方案》，要求建立污染防治区域联动机制，在部分地区开展环境保护管理体制创新试点，统一规划、统一标准、统一环评、统一监测、统一执法。开展按流域设置环境监管和行政执法机构试点，构建各流域内相关省级涉水部门参加、多形式的流域水环境保护协作机制和风险预警防控体系。建立陆海统筹的污染防治机制和重点海域污染物排海总量控制制度。完善突发环境事件应急机制，提高与环境风险程度、污染物种类等相匹配的突发环境事件应急处置能力。《生态文明体制改革总体方案》在中央层面明确提出按流域设置生态环境执法监管和行政执法机构试点的要求，我国在《国民经济和社会发展第十三个五年规划纲要》第四十四章第五节中也明确提出了"探索建立跨地区环保机构"的要求。随后，2016年，中共中央办公厅、国务院办公厅发布了《垂改指导意见》。《重改指导意见》对省以下环保机构监测监察执法垂直管理制度改革试点工作提出意见，要求试点省份探索按流域设置环境监管和行政执法机构、跨地区环保机构，有序整合不同领域、不同部门、不同层次的监管力量。省级环保厅（局）可选择综合能力较强的驻市环境监测机构，承担跨区域、跨流域生态环境质量监测职能。同年，中央在国家生态文明试验区（福建、江西、贵州）实施方案中再次强调整合各部门执法权限，开展按流域设置环境监管和行政执法机构试点工作。2017 年 2 月，中央全面深化改革领导小组第三十二次会议召开，审议通过了《按流域设置环境监管和行政执法机构试点方案》。会议强调，要按流域设置环境监管和行政执法机构，要遵循生态系统整体性、系统性及其内在规律，将流域作为管理单元，统筹上下游左右岸，理顺权责，优化流域环境监管和行政执法职能配置，实现流域环境保护统一规划、统一标准、统一环评、统一监测、统一执法，提高环境保护整体成效。2017 年 6 月，我国通过了新修改的《水污染防治法》，该法第 9 条赋予了流域水资源保护机构在职权范围内实施监督管理的职权，第 16 条则要求防治水污染应当按流域或者按区域进行统一规划，但并未涉及按流域设置机构的问题。

2018 年，我国开始了国家机构改革，根据国务院机构改革方案，[1]水利部的编制水功能区划、排污口设置管理、流域水环境保护职责，原国家海洋局的海洋环境保护职责，整合入新组建的生态环境部。2019 年，原太湖流域水资源保护局和原国家海洋局东海分局海洋环境保护处整体转隶，组建生态环境部太湖流域东海海域生态环境监督管理局。目前，除太湖流域东海海域生态环境监督管理局外，生态环境部还组建了长江流域、黄河流域、淮河流域、海河流域北海海域、珠江流域南海海域、松辽流域等流域管理机构。上述流域管理机构在行政主体上属于生态环境部的派出机构，其内设了执法应急处，承担执法检查、行政处罚、行政强制、复议应诉、案件调查、应急、纠纷

---

〔1〕《方案》规定，将原环境保护部的职责，国家发展和改革委员会的应对气候变化和减排职责，原国土资源部的监督防止地下水污染职责，水利部的编制水功能区划、排污口设置管理、流域水环境保护职责，原农业部的监督指导农业面源污染治理职责，原国家海洋局的海洋环境保护职责，原国务院南水北调工程建设委员会办公室的南水北调工程项目区环境保护职责整合，组建生态环境部。

调处、损坏赔偿等执法工作。

《按流域设置环境监管和行政执法机构试点方案》下发后，福建省作为流域改革试点省份之一，以理顺权责、落实责任、增强监管和执法合力，构建起流域统筹、区域履责、协同推进的新格局为目标，在环境监察总队下设立了福建省流域生态环境监管和行政执法支队。2019 年 6 月 13 日，福建省在行政执法支队下设立了九龙江流域生态环境监管和行政执法大队，这意味着福建省按流域设置环境监管和行政执法机构试点的落地，以流域为管理单元的生态环境保护协作模式正式开启。2019 年 1 月，江西省人民政府办公厅发布了《江西省在赣江流域开展按流域设置生态环境监管和行政执法机构试点实施方案》（以下简称《江西方案》）根据《江西方案》，江西省统筹赣江流域生态环境监管和行政执法资源，充分调动各方面积极性，在 8 个设区市 51 个县市区进行按流域设置生态环境监管和行政执法机构试点，建立健全流域多方参与的水生态环境保护协作机制，推动形成流域内不同行政区域生态环境保护责任共担、效益共享、协调联动、行动高效的新机制。

从江西省公布的上述《江西方案》来看，江西省按流域设置的生态环境监管和行政执法机构包含了领导机构、协调机构、办公机构、执法机构四个组成部分。

领导机构是江西省生态环境保护委员会。该委员会成立于 2019 年，由省委书记和省长担任"双主任"、多位省委常委和副省长担任副主任，在省生态环境保护委员会的架构下，江西省设立了绿色发展、大气污染防治、水污染防治、土壤污染防治、自然资源保护、工业污染防治、农业农村污染防治、城市污染防治、河湖水库污染防治、交通运输污染防治等 10 个专业委员会。

协调机构为赣江流域生态环境监督管理协作小组。该协作小组的主要职责是研究确定赣江流域生态环境保护方针政策、重大规划计划，统筹协调处理重大水生态环境保护问题，指导、推动、督促有关重大政策措施的落实。该协作小组的人员由江西省生态环境保护主管部门和其他相关部门的分管人员构成。

办公机构是赣江流域生态环境监督管理办公室。该办公室作为江西省生态环境厅内设机构，承担流域协作小组日常工作，主要负责落实赣江流域生态环境保护"统一规划、统一标准、统一环评、统一监测、统一执法"，研究制定赣江流域生态环境保护规划、区划、法规、标准和生态保护补偿方案，制定生态环境准入负面清单等事务。

执法机构是赣江流域生态环境保护综合行政执法机构。该机构统一组织开展流域生态环境执法检查，协调解决流域内重大生态环境问题和环境污染纠纷，指导流域内重特大突发生态环境事件应急处置。

需要指出的是，在上述机构中，流域协作小组及流域办公室更多的是通过发挥统筹、协调、监督作用，解决流域内跨区域的生态环境问题。但其不能替代赣江流域各级政府的生态环境保护主体责任，各区域政府仍应对各自行政区域内的生态环境质量负责，承担本行政区域生态环境保护职责。

另外，为加强改革配套制度建设，江西省还建立了重大涉水规划生态环境影响评价审查审批会商机制，涉及对赣江流域水生态环境有重大影响的建设项目环评，需报流域办公室备案，并进行事中和事后监管。江西省还建立了流域生态环境信息共享机制，统一发布流域生态环境状况信息，并组织实施流域生态环境保护目标考核，组织开展流域生态环境资源承载能力监测、评价，实施流域生态环境资源承载能力预警。另外，江西省还建立了流域生态环境风险预警防控体系。这些机制与流域管理执法形成合力，共同作用于赣江流域的生态环境治理工作。

除福建省和江西省建立了流域监管和执法机构外，贵州省在乌江赤水河、清水江都柳江、南北盘江红水河等流域也分别设置了流域环境监管局，负责各个流域的环境监管工作。河北省于 2020 年 6 月 5 日在白洋淀流域设立了白洋淀流域生态环境监测中心，这是该省首个按流域设置的生态环境监测机构。白洋淀流域生态环境监测中心统一行使白洋淀流域水生态环境监测省级事权，主要职责包括：负责白洋淀流域水生态环境质量监测、河流及白洋淀区考核断面（点位）的水质日常监测和水生生物监测；负责白洋淀流域水环境功能区、地下水监测及入河入淀排污口监督抽测；承担白洋淀流域水生态环境预测预警和突发水生态环境事件应急监测的技术保障工作；承担北京市、天津市、山西省、河北省关于白洋淀流域跨区域联合执法行动的监督性监测工作；负责雄安新区、保定市行政区划内大气、水、土壤环境质量监测、调查评价以及质量管理与考核、数据审核等技术保障工作；对白洋淀流域其他生态环境监测机构有关水环境监测工作进行业务和技术考核等事务性工作。可见，白洋淀流域生态环境监测中心虽然并非执法机构，但其作为执法的辅助性机构，有责任为跨区域生态环境执法提供监测数据等技术和服务支持。

目前，按流域设置执法机构的改革尚处于过程之中，现实中由流域执法机构进行的执法较为鲜见。不过，从上述中央和各地的试点方案来看，专门机构模式实质上是将分散于区域内生态环境保护主管部门的执法权重新集中于一个机构行使的过程，新设立的流域执法机构无疑属于新的行政主体。该主体针对某个流域具备了全部执法权限，因此，其具有与区域内生态环境保护执法部门一样的完整权能，可以采取与各地生态环境保护主管部门相同的执法手段和方法。

四、三种模式的比较

解决跨区域生态环境问题的最主要障碍就是由行政区域、部门分工、级别管辖形成的区域行政。由于区域行政的限制，生态环境保护执法主体只能按照管辖区域、级别行使职权，进行单中心式的执法活动，无法开展协同执法。但是，目前区域行政的整体格局无法进行根本上的变革，故此，协同执法的关键即在区域内分散执法的前提下，通过各自形式协调各生态环境执法主体，在行政区域之外构造跨区域的执法力量，从而消除区域行政所导致的执法隔离现象。我国当前形成的合作执法、督察执法、整合执法三种协同模式在不同程度和不同维度上打破了区域行政的限制，回应了跨区域生态环境治理的难题，是我国建立跨区域生态环境执法协同机制的有益尝试。通过比较可以发现，这三种模式在协同依据、组织载体、执法权限、执法对象、执法程序等方面呈现出共性与个性并存的局面。

（一）协同执法依据

跨区域生态环境协同执法是一种行使公权，执行法律的活动，"法无授权不可为"的基本原理要求协同执法应当具备合法的协同依据，协同依据构成了协同执法职责职权行使的前提条件。需要指出的是，对于协同依据的具体涵盖范围应进行宽泛的理解，既包括国家、地方层面有关协同执法的政策，也包括针对协同执法制定的法律、法规、规章，还包括区域内各自执法主体制定的规范性文件，以及不同主体就协同执法事项而签署的宣言、协议、方案等合作文件。这些政策、立法、规范性文件、合作文件共同构成了我国当前跨区域生态环境协同执法的依据。

就协同的依据而言，三种模式的共同点是均具有政策、法律、规范性文件方面的依据。前述《京津冀协同发展规划纲要》《长三角纲要》，中央深改组通过的《环境保护督察方案（试行）》《按流域设置环境监管和行政执法机构试点方案》等文件分别属于建立合作执法、督察执法、专门机构执法模式的政策依据。三种模式的总体法律依据源于《环境保护法》第20条的概括式授权，[1]而《长三角区域大气污染防治协作小组工作章程》《工作规定》《垂改指导意见》等文件是三种模式的规范性文件依据，其对协同执法的主体关系、结构形式，职能职权、程序方式等具备问题进行了更为详细的规定。另外，国家或中央层面的政策构成了三种模式共同的、也是最为重要的依据。在合作执法模式中，即使是京津冀、长三角的协同首先在地方层面进行探索，但最终还是需要获得诸如《长三角纲要》《京津冀协同发展规划纲要》等国家政策层面的认可，在此基础上，地方政府间的协同执法才能向纵深和全面展开。督察执法模式和专门机构执法模式均是首先由国家或中央设立督察小组和流域管理机构，并由中央深改组制定政策明确协同的总体要求、原则等内容后，才在全国范围内展开或进行协同执法试点。应当说，国家政策主导是当前我国跨区域生态环境协同执法的鲜明特色，其源于我国单一制的国家结构形式和中央与地方机关的宪法关系，国家力量主导下的协同执法具有优势，但同样也面临诸多困境。

不过，尽管都是由国家政策主导，但具体作用在三种模式

---

〔1〕《环境保护法》第20条规定："国家建立跨行政区域的重点区域、流域环境污染和生态破坏联合防治协调机制，实行统一规划、统一标准、统一监测、统一的防治措施。前款规定以外的跨行政区域的环境污染和生态破坏的防治，由上级人民政府协调解决，或者由有关地方人民政府协商解决。"

中有所差异。合作执法模式中，国家政策的主要作用有二：一是对地方合作协同进行授权，使其具备合法性基础；二是为地方合作协同提出整体的目标要求，而具体合作协同活动的进行交由地方执法部门自行探索。而在督察执法模式与专门机构执法模式下，国家力量的作用除前述两点外，还包括直接开展协同执法的具体活动，并为地方实践提供样板。中央和国务院的督察机构有权直接对下级政府开展督察执法，生态环境部派出的流域管理机构也具有流域生态环境执法权。[1]同时，各地的生态环境保护督察办法或生态环境保护督察工作实施办法与中央的《工作规定》无论是在体例还是内容上都基本相同，根据中央的《方案》设立的地方督察小组、流域管理机构的建制、职权、责任也与生态环境部下属的流域管理机构基本相同。正是基于上述区别，法律和合作文件成了合作执法模式不可或缺的合法性依据，其作用要比在其他模式下重要许多。一方面，合作各方在平等协商与沟通的基础上签署了诸多有关协同执法的文件，如各种协议、宣言、方案等，其中既包括了省级层面的合作文件，如《京津冀水污染突发事件联防联控机制合作协议》，也包括市级层面的合作文件，如《杭湖嘉绍宣言》，在缺乏国家层面明确的示范模式前提下，协议和宣言为协同执法各方提供了总体上的原则要求、制度框架、合作途径。同时，各方签署了涉及具体协同事项的更具可操作性的方案，如《长三角方案》就是针对应急联动工作的合作文件。另一方面，合作地方分别在生态环境保护立法中将合作文件中的内容加以规定，从而使得合作协同执法具备了较为充实的法律基础。这些地方

---

〔1〕 生态环境部下设的长江流域生态环境监督管理局，其职权之一是承担流域生态环境执法、重要生态环境案件调查、重大水污染纠纷调处、重特大突发水污染事件应急处置的指导协调等工作。

性立法在宏观上对协同执法中的定期会商、执法形式、信息共享、跨界纠纷解决、应急联动、生态补偿、科研合作等问题进行了规定，而且还规定了具体的执法对象、执法手段等内容，并且，有的立法还规定了联合执法、联动执法等具体的执法形式，这些规定使得协同执法的操作性、实践性大大增强。例如，《上海市大气污染防治条例》将防治机动车污染、禁止秸秆露天焚烧等领域规定为协同执法的具体范围。《长三角规定》则规定了部分行政处罚自由裁量的基准。

（二）协同执法组织

协同执法是组织性的活动，生态环境保护主管部门是协同执法职能职权行使的组织基础，是执法活动的组织载体。跨区域生态环境协同执法的前提之一是建立与协同执法目标、过程相匹配的组织载体，协同主体要构造合理的组织结构性机制，为实现跨区域协同执法而建立组织间的结构框架，从而在一定程度上摆脱行政组织地域或级别管辖的限制，实现不同区域、级别主体间的协同关系。

就三种协同执法模式而言，为实现协同执法的目的，政府在三种模式中，均设置了超越区域内生态环境保护主管部门的协同组织，并将跨区域生态环境事项规定为了组织的执法范围与对象。在合作执法模式中，京津冀联合设立了环境执法联动工作领导小组，专门负责领导三地的协同执法工作；长三角设立的区域大气污染防治协作小组和区域水污染防治协作小组则以整个长三角地区的大气和水污染问题为其职责范围。在督察执法模式中，中央生态环境保护督察组、生态环境部的督察局可以对全国范围内的生态环境保护主管部门进行督察，对生态环境案件进行处理。在专门机构执法模式中，福建省设立的九龙江流域生态环境监管和行政执法大队，江西省设立的赣江流域生态环境保护综合行政执法机构，分别对九龙江流域和赣江流域的生态环境问题享有执法权，其职权范围覆盖了流域内的整个区域，不受行政区划的限制。不过，虽然这些组织都在一定程度上实现了跨区域性，具备了协同执法所要求的组织结构，但正如下表所示，不同模式下协同组织的性质、内部的建制、分工、人员构成却呈现出较为不同的状况。

协同模式	组织特点	组织性质	组织人员	组织职责
合作执法模式	多样性、非常设性、松散性	领导议事组织	生态环境保护主管部门人员	领导决策、建规立制
督察执法模式	单一性、常设性与非常设性并存、紧密性	领导议事组织与实施执法组织并存	生态环境、组织、宣传、司法行政、检察、审计等相关政府部门人员	领导决策、建规立制、实际执法
专门机构执法模式	多样性、常设性与非常设性并存、松散性与紧密性并存	领导议事组织与实施执法组织并存	生态环境保护主管部门人员	领导决策、建规立制、实际执法

合作执法模式中，无论是京津冀的联动执法组织，还是长三角的联合执法组织，种类均较为丰富且包含省、设区的市、县（市、区）三级生态环境执法部门人员，形成了一个层级较为完整的组织序列，但这些协同组织是相对松散的非常设机构，组织运行也没有贯通协同执法的全部环节。以京津冀联动执法为例，在京津冀环境执法联动工作机制建立后，为强化协同执法，三地设立了京津冀环境执法联动工作领导小组。该小组由三地生态环境保护主管部门领导人员组成，下设办公室，负有

决策制定、目标设置、执法形式的确定、执法过程中的沟通协调等职责。领导小组定期召开会议，确定一定时期内的执法时间、主体、对象、方式等内容。在京津冀环境执法联动工作领导小组针对协同执法相关问题协商一致，完成决策部署之后，具体的执法工作会交由各区域内的生态环境保护主管部门，采取统一化的执法行动。同样，长三角地区，浙江省成立的杭湖嘉绍边界环境联合执法小组，其成员由各地生态环境保护主管部门相关领导组成，职责是制定联合执法计划、目标、任务，协调执法过程，具体执法工作也由各地的生态环境执法部门共同开展。此外，长三角地区跨界环境污染纠纷处置和应急联动工作领导小组、长三角区域大气污染防治协作小组和长三角区域水污染防治协作小组也基本采取了类似的建制。由此可见，合作执法模式下的协同组织实质上是一个政策协商与议事协调机构，其运作方式通常是召开定期或临时性的会议，组织设立的目标也主要是解决协同执法前端的事项，如制定协同执法政策，确定统一标准，进行执行信息共享等。组织本身并无执法权，不能实施强制性的执法行为，对执法机构和人员也无管理监督权，无法追究执法人员的行政和法律责任。也就是说，合作执法模式是在行政区划之间开展的生态环境保护执法合作，是区域内地方政府之间的执法协同，其既不改变区域内政府现有的生态环境执法机构，也不依赖于上级政府的强力监督，而是通过加强区域内政府间在生态环境执法领域的协同和沟通来实现区域环境协同执法的目的。

相较而言，督察执法模式下协同执法组织载体的种类较为单一，一方面是各级生态环境督察组织，具体包括非常设的生态环境保护督察工作领导小组、生态环境保护督察组，另一方面也包括常设性的设置于生态环境保护主管部门内的督察机构。

前者包括中央与省级生态环境保护督察工作领导小组、督察组，这些组织会在开展例行督察、专项督察时临时设立，工作领导小组由生态环境、组织、宣传、司法行政、检察、审计等相关政府部门人员构成。[1]而督察组则以生态环境保护主管部门人员为主，也可根据需要抽调有关部门和专家参与。后者则包括生态环境部所设立的中央生态环境保护督察办公室和华北、华东等6个督察局，以及各省生态环境保护主管部门设立的督察办公室。除此之外，有的地区还设置了跨区域的督察办公室，如山东省生态环境厅内设了6个区域生态环境保护督察办公室，河南省生态环境厅也分别在新乡、洛阳、开封、驻马店、鹤壁、平顶山等6个地市设立生态环境保护督察办公室，进行跨区域的督察执法。按照法律法规的规定，这些组织形成了较为紧密的关系，履行了协同执法不同阶段的职能职权，共同完成了协同执法的必要环节。以中央督察为例，督察执法的过程如下：首先，督察办公室负责拟订生态环境保护督察的制度规范、政策措施，制定生态环境保护督察工作规范、工作计划、实施方案等，工作领导小组负责审议、决定上述规范、措施、计划、方案。其次，督察执法决策作出后，由督察办公室组织，并由督察组开展对下级生态环境保护主管部门的督察执法活动。当然，由于督察组的构成不同，实际执法人员会有所差别，中央生态环境督察主要由生态环境部的各督察局进行；而省级的督察活动，在缺乏专门机构的背景下，可能由不同级别和部门的人员进行。最后，督察执法结束后，督察办公室就发现的问题提出处理建议，工

---

〔1〕 根据《工作规定》第7条，中央生态环境保护督察工作领导小组由中央办公厅、中央组织部、中央宣传部、国务院办公厅、司法部、生态环境部、审计署和最高人民检察院等部门的人员组成。安徽、吉林、山东等地制定的《实施办法》也进行了基本相同的规定。

作领导小组决定对相关人员责任的追究以及生态环境问题的处理。

专门机构执法模式下，协同组织系指根据《按流域设置环境监管和行政执法机构试点方案》等中央和地方发布的文件设置的流域管理和执法机构，包括作为生态环境部派出机构的长江流域生态环境管理局、黄河流域生态环境管理局等7个常设的流域管理机构，这些流域管理局既是决策机构，又是执法机构。另外，江西省、福建省、贵州省、河北省等地方生态环境保护主管部门也设立了流域监管和执法组织。当然，由于按流域设置环境监管和行政执法机构尚处于试点阶段，各地设置的流域协同组织建制并不相同。以江西省和福建省为例，两省均是在省级层面建立了协同组织，但江西省设立了赣江流域生态环境监督管理协作小组，该小组是非常设的松散型组织，由赣江沿线各行政区生态环境保护主管部门相关人员构成，协作小组作为赣江流域协同执法的领导组织，负责决策、协调、组织工作，日常工作由设置于江西省生态环境厅的赣江流域生态环境监督管理办公室承担。江西省并未设立专门的流域执法组织，其具体的执法工作仍然是由流域内的执法机构进行联合执法。[1]福建省则于环境监察总队下设置了流域生态环境监管和行政执法支队，并在流域支队下设九龙江大队，而且福建省环境监察总队挂福建省流域环境保护督查中心的牌子，承担了重点流域的日常环境执法工作。因此，福建省并无专门的流域协同执法

---

〔1〕　赣江流域生态环境监督管理办公室的职责为：组织拟订并监督实施流域生态环境保护规划、污染物排放标准及相关技术规范，参与流域内重大建设项目环境影响评价审批，组织开展流域水生态环境质量监测和流域内联合执法。承担省赣江流域生态环境监督管理协作小组办公室日常工作。由此可见，福建省的流域执法采取的是与合作执法相同的方式，即流域协作小组进行决策，区域内执法机构实施执法的形式。

的领导组织或办公机构，而是设置了专门具体实施流域执法的组织。贵州省则采取了与生态环境部类似的做法，在流域内分别设置了流域环境监管机构；河北省则在白洋淀流域设立了白洋淀流域生态环境监测中心，主要承担该流域的环境监测职责，并无实际执法权限。

（三）协同执法职权

"行政职权就是行政权力法定化的具体体现。"[1]法律通过规定行政组织的职权使组织的权力法定化，同时也实现了对组织权限的制约与控制。跨区域生态环境协同执法组织功能的发挥需要法律授予必要且充分的职权。通常而言，执法组织的职权应由法律法规加以规定、进行授权，但《环境保护法》等立法授权的主体是区域内的生态环境保护相关部门，缺少对跨区域生态环境协同执法组织的授权规定，地方立法要么未进行规定，要么规定得较为原则。因此，协同组织具体享有的职权就需从组织的性质、地位、运作形式，同时结合地方的政策文件进行分析。

合作执法模式下，联动工作领导小组等领导组织进行执法决策后，由各地区域内的生态环境保护主管部门具体行使协同执法职权。生态环境保护主管部门具有行政法上的行政主体资格，因而拥有《环境保护法》等法律所规定的行政处罚、行政许可、行政强制等完整的执法职权。执法实践中，执法主体通常履行的职权包括行政检查权，查封扣押等行政强制权，罚款、责令停产停业、吊销营业执照等行政处罚权，2014年修订的《环境保护法》规定了按日连续处罚制度，实践中也予以采用。如果相对人的生态破坏或环境污染行为，政府官员的渎职滥权

---

[1] 胡建淼主编：《行政法学》，复旦大学出版社2003年版，第72页。

行为违反了《治安管理处罚法》《刑法》，执法主体则会将案件移送公安机关、检察机关追究相应的法律责任。执法主体一般会采取三种方式开展合作执法：一是在执法联动工作领导小组执法决策下，不同行政区域内的生态环境保护主管部门在各自辖区范围内联合起来采取统一执法活动，行使职权。此种执法通常是为了应对突发性的生态环境问题或临时性的治理任务而采取的一致行动。例如，为保障2008年北京奥运会、2014年北京APEC峰会的顺利召开，在统一部署之下，京津冀三地在各自辖区内进行的大规模的执法，即属于此类。严格来说，此种合作执法是执法决策环节的联合，而非执法过程的联合，执法过程仍是各自进行。二是在执法联动工作领导小组执法决策下，不同行政区域内生态环境保护主管部门在跨界区域一起采取执法活动，履行职权。此种执法通常是为了应对跨区域的生态环境问题，各地执法部门一起针对执法对象采取执法行动。如前述2018年上半年，北京市房山区和河北省涿州市两地针对交界处非法砂石料厂的执法行为。三是交叉执法，此种方式是指相邻行政区域的生态环境执法部门到对方的区域内行使职权。该方式通常是为了克服区域内执法的地方保护弊端，或者基于行政效率的考虑而采取的。由于此种方式突破了政府的地域管辖，可能受到执法相对人的法律挑战，因此其在合作执法实践中应用不多，有效的几次交叉执法活动也主要是交叉行政检查，并不包括对相对人施加较强负担的行政处罚、行政强制等执法行为。

督察执法模式下，中央的《工作规定》和各地制定的相关办法对执法组织可以采取的措施以及行使的职权都进行了规定。以中央督察执法为例，根据《工作规定》，中央生态环境督察小组可以行使11项职权，包括听取汇报、询问、查阅资料、调查取证、受理信访、请求协助等，[1]这些职权实质上是一种调查权或检查权。《工作规定》第 22 条规定，督察进驻结束后，中央生态环境保护督察组应当在规定时限内形成督察报告，如实报告督察发现的重要情况和问题，并提出意见和建议。第 24 条第 1 款规定，督察结果作为对被督察对象领导班子和领导干部综合考核评价、奖惩任免的重要依据，按照干部管理权限送有关组织（人事）部门。该条第 2 款规定，对督察发现的重要生态环境问题及其失职失责情况，督察组应当形成生态环境损害责任追究问题清单和案卷，按照有关权限、程序和要求移交中央纪委国家监委、中央组织部、国务院国资委党委或者被督察对象。据此，督察小组还有建议权，小组一方面可以就如何处理生态环境问题提出建议，另一方面可以就如何处理发现的失职失责人员提出建议。也就是说，督察小组无权直接处理生态环境问题，也无权处理失职失责人员，而只能提出建议，再由相关部门处理。然而，作为生态环境部派出机构的各督察局，其拥有的职权与督察小组有所不同。根据生态环境部公开的信息，各督察局有权承办跨省区域重大生态环境纠纷协调处置，承担重大环境污染与生态破坏案件查办。即是说，督察局有直接对重大生态环境问题进行执法的权力，具有完整的执法权限，而不仅仅有建议权。

专门机构执法模式下，如果设置的流域专门机构仅仅是组织领导类、议事协调类组织，那么该类组织的职权就与合作模式中的组织职权并无实质差异，差别仅仅在于流域机构行使职权的空间范围限于特定流域之上。如果设置的流域专门机构性质上属于执法类组织，如生态环境部下设的流域管理局、福建

---

〔1〕 参见《工作规定》第 21 条。

省流域生态环境监管和行政执法支队，它们本身就是专门的执法机构，因此，其享有与区域内执法机构相同的完整职权。

（四）协同执法对象

无论采取何种模式，协同执法作为公权力行为会有其指向的客观对象，而协同执法过程是一个执法主体对对象施加法律作用，形成法律效力，影响相对人权利义务的过程。根据行政法理论，行政执法的对象通常为物、行为、精神产品等，据此，区域内生态环境行政执法的对象包括违反生态环境保护法律法规而存在的物，如不符合环保标准的设施设备，也包括相关主体违法实施的破坏生态、污染环境行为，如企业或个人向大气和河流的直接排污行为。跨区域生态环境协同执法属于行政执法、环境行政执法之下的一种执法类型。因此，宏观而言，其作用对象也是如此。但正如本书第一章所分析的，跨区域生态环境协同执法与区域内执法有所差异，在不同的协同执法模式中也就呈现出了不同的、较区域内执法更为复杂的具体形态。

合作执法模式下，由于没有专门的协同执法实施机构，执法仍然是依靠区域内的生态环境保护主管部门进行的，所以协同执法的对象与区域内执法的对象存在一致性。执法主体可以针对区域内违法存在的物或实施的行为进行执法，只不过，此处的执法是各地协调一致下的统一行为。例如，2015年，京津冀三地环境保护部门针对秋冬季节的污染排放特征和高架源排放的输送作用而各自进行的执法活动。更为重要的是，在合作执法模式下，各方的立法、协议赋予了区域内生态环境保护主管部门跨区域行使执法权的合法性，其可以针对跨区域的生态环境问题展开执法。如2017年5月，天津市蓟州区、河北省唐山市玉田县的环境保护部门对位于玉田县大安镇和蓟州区杨津庄镇交界处的1家非法石料加工厂、3家搅拌站、3家制砖厂进行的取缔行为。2018 年 5 月，北京市房山区和河北省涿州市的生态环境保护主管部门联合对交界处的非法砂石料厂的查处行为。由于各地的立法、协议并未将协同执法的范围局限于某个或某些具体的环境要素，因此，理论上协同执法主体可以针对所有环境要素的违法情形进行执法。只不过，因为水污染、大气污染是最容易造成跨区域性生态环境损害的两种类型，所以实践中较为常见的协同执法也主要是针对这两类环境问题展开的。

相较于合作执法和专门机构执法，督察执法的情况较为复杂。各级督察工作领导小组、办公室承担协同过程中的决策、组织职能，并不负责具体的执法活动，因此也就不能直接作用于执法对象，具体的执法由督察小组进行。根据中央的《工作规定》，督察小组的督察对象包括相对人从事的生产经营活动以及对生态环境影响较大的有关中央企业，督察内容则包括突出生态环境问题以及生态环境质量呈现恶化趋势的区域流域。即是说，督察小组可对行政相对人实施的环境污染和生态破坏行为开展督察。同时，督察小组的对象也包括承担重要生态环境保护职责的国务院有关部门，而督察内容也包括对突出生态环境问题的"处理情况"以及区域流域的"整治情况"。[1]即是说，督察小组可就政府有关部门履行生态环境保护职责的行为进行督察。这里的"有关部门"不仅指生态环境保护主管部门，只要是承担相关生态环境问题处理、流域整治职责的部门都应包括在内。考虑到各地督察办法或督察实施办法基本与中央《工作规定》相同的现状，可以说，这三种模式之中，督察模式的对象是最为广泛的，包括行政相对人和党政官员两个群体。

---

〔1〕 参见《工作规定》第 15 条。

不过，需要指出的是，有的地方在例行督察、专项督察之外还设置了派驻督察，如山东省和吉林省，从两地制定的办法来看，派驻督察的对象仅限于政府有关部门履行生态环境保护职责的行为。[1]

专门机构执法模式下，协同执法效力的对象范围不能及于所有环境要素，而只能针对某个（些）具体的流域，因而其对象也就限于造成流域污染或生态破坏的物和行为。当然，具体某个协同组织能否对某个对象实施执法行为取决于其是否具有法律规定的执法权限。生态环境部派出的流域机构具有执法权，可以针对某些对象进行执法。对赣江流域的执法是由沿岸各地的生态环境保护主管部门实施的，赣江流域生态环境监督管理协作小组和办公室并无实际执法权，此种情况与合作执法模式相同。而福建省流域生态环境监管和行政执法支队可以对省内各个流域，九龙江大队可以对九龙江流域进行执法。

（五）协同执法程序

通常而言，执法程序是指执法组织进行执法时所应当遵守的步骤、时限、顺序。尽管我国目前尚无统一的行政程序法，但已经制定了《行政处罚法》《行政许可法》《行政强制法》等行政行为一般法，以及《环境行政处罚办法》等规章，而且，许多地方也进行了行政程序立法，如江苏省、山东省、湖南省等均制定了各自的行政程序规定。这些立法为跨区域生态环境协同执法程序提供了法律依据，协同执法组织如实施了上述立

---

〔1〕《安徽省生态环境保护督察工作实施办法》第 13 条规定，派驻监察由省生态环境厅各生态环境保护监察专员办公室依据法定职责开展，主要任务是对被督察对象执行生态环境保护法律、法规、标准、政策、规划情况及阶段性重要任务完成情况开展监察督察。《山东省生态环境保护督察工作实施办法》第 25 条规定，驻区督察不直接受理生态环境违法案件，驻区督察发现的具体生态环境违法行为，由省生态环境保护督察办公室移交省级生态环境综合执法机构。

法中的执法行为，其执法程序应当是较为明确的。不过，在跨区域生态环境协同执法的语境下，除了执行行为的步骤、时限、顺序外，程序还应当包括组织自身的运作程序，以及组织间的程序性安排，而且后者对于协同的效果来说更为重要。总体来看，合作执法、督察执法、专门机构执法三种模式大致遵循了"执法决策—执法展开—执法反馈"三个步骤，但具体环节存在差异。

综合京津冀、长三角与其他地方的实践，合作执法模式大致可以总结为如下程序：首先是召开联动执法会议，由合作各方生态环境保护主管部门组成的领导（协作）小组会召开生态环境执法联动工作会议，共同制定一定时期内生态环境执法的重点工作，确定执法对象、执法范围；其次是互通执法信息，在每次联动执法之前，在领导小组的协调下，各地区执法组织会共享有关执法对象、参与执法人员等相关信息，确定具体的执法时间、方式；再次是开展联动执法，根据领导小组事前确定的执法方案，由各区域内执法部门针对不同的跨区域生态环境问题采取区域内各自执法，互派执法人员至对方辖区进行交叉执法，以及统一执法人员进行共同执法等形式开展执法；最后是共商处理方式，执法结束后，根据执法过程发现的违法行为，由领导小组共同决定对相关主体的处理方式，并及时进行相关信息反馈。

依据相关立法和实践情况，督察执法模式的程序可以概括如下：第一是决策阶段。由督察工作领导小组确定督察组的领导和组成人员，督察的时间、地点、对象，制定督察工作的相关政策。第二是准备阶段。根据领导小组的决策，针对督察对象和内容，成立督察组，在督察组成立之后，通过明察暗访等方式向有关部门和单位了解被督察对象的有关情况，收集有关问题线索，组织开展必要的摸底排查。并根据相关法规政策，结合被督察对象的有关情况，制定督察工作方案，印发督察进驻通知。第三是进驻阶段。督察组进入被调查对象驻地，紧紧围绕问题和责任，针对政府部门的环保执法、责任落实等情况开展调查，采取个别谈话、听取汇报、受理举报、走访问询、查阅资料、召开会议、实地调查等方式获取证据，形成证据链。[1]第四是结束阶段。调查结束之后，首先要形成报告，督察组应在规定时限内形成督察报告，报告以梳理问题和生态环境损害责任追究案件为重点，在与被督察对象交换意见的基础上，报送相关部门批准。其次是进行反馈，报告被批准后，督察组向被督察对象反馈，指出督察发现的问题，明确督察整改工作要求。第五是移交移送阶段。根据督察发现的不同问题分别移交移送至相关部门。如涉及党纪行政责任的，移送组织部门、监察部门、政府部门；涉及民事赔偿、公益诉讼的，移交移送检察机关等有权机关；涉及犯罪的，移送检察机关、监察机关。第六是再查阶段，即"回头看"阶段。此阶段不再进行全面督察，而是聚焦重点、关键、个案，就督察执法中发现问题的整改情况进行检查，如整改措施是否切实有效，整改目标是否实现，整改过程是否存在敷衍了事、表面文章、一刀切等玩忽职守问题。通过督察问责追究政府相关部门违法执法、执法不严等问题。

在专门机构执法模式中，长江流域生态环境监督管理局、福建省流域生态环境监管和行政执法支队等组织拥有完整的权限，其执法决策、展开、反馈的过程均由自己完成；赣江流域生态环境监督管理协作小组可以进行执法决策，执法展开则由各地生态环境保护主管部门，遵循部门执法的法定程序进行。

---

[1]　具体措施可参见《工作规定》第 21 条。

综上可知，尽管合作执法、督察执法、专门机构执法三种模式都是协同执法，但各自表现出不同的特点。合作执法模式下的协同重在平等主体间的"合作"，即基于生态环境保护主体间的平等地位，建立起横向的协作关系从而打破区域行政的界限，形成联合执法力量，实施跨区域的协同执法。督察执法模式下的协同则意味着上级对下级的"监督"，即基于生态环境保护执法主体在行政组织法上的不同地位，以纵向的领导与被领导、监督与被监督的级别关系，运用科层制的力量破除单中心执法的局面，由上级部门对下级部门的执法行为进行监督、检查，进而形成协同执法的局面。专门机构执法模式下的协同则意味着"重构"，即在保留区域内执法主体的前提下，以特定的生态环境要素为执法对象，将分散的执法力量加以整合，构造新的执法机构。专门执法模式不是单纯横向或纵向单个层面的协同，而是构造出一个超越行政区域的新的执法主体。

跨区域生态环境协同执法的法理审视

  跨区域生态环境协同执法是目前我国生态环境执法体制改革的内容之一，协同执法突破了行政区划的地理空间和行政执法的制度空间，与以区域内行政为理论前提的传统行政法理论产生了张力。协同执法是化解区域性生态环境问题的有效方式，但改革本身构成了对旧有理论的挑战，协同执法的有效性不能等同于法理上的正当性。根据"凡重大改革都要于法有据"的要求，跨区域生态环境协同执法的机构设立，联合执法、交叉执法等具体协同措施均需要法理上的正当性。因此，需要借助"区域行政法"这一新的行政法学概念，分析协同执法涉及的组织法、行为法的相关问题。

一、协同执法与区域行政法

  "行政法是存在于社会机制之中的一种社会现象。因此，任何社会环境的变化、社会机制的变化都会相应引起行政法的发展和变化。"[1]在区域内行政法的视野下，政府机关只需根据行政区划、地域管辖的划分，处理本区域内、本部门职权范围的

---

  [1] 关保英："新时代背景下行政法功能重构"，载《社会科学研究》2018年第5期，第9页。

公共事务，其权限范围也应当限于法律法规及行政区域所确定的边界之内。尽管公共事务日益复杂，许多事务依靠单一部门的治理难以完成，需要进行协同治理，但协同治理也主要是同属一级政府的不同部门之间的问题。传统的行政法理论及法律体系能够较好地回应区域内政府单个部门和跨部门协同的实践需要。然而，在区域经济一体化兴起，并不断向纵深发展的现代社会，诸如生态破坏、环境污染等许多原本属于某一个区域内的公共问题，突破了地域和行政管理体制的限制，成为跨越区域、部门的区域性公共事务。与我国经济社会高速发展相伴的是跨区域生态环境问题的不断出现。跨区域的生态破坏和环境污染在危害规模、复杂程度、影响范围等方面都要远甚于区域内的生态环境问题，治理风险、治理难度和治理效果的不确定性也大为增加，只凭借区域内生态环境保护相关部门的能力显然无法完成治理工作，需要不同区域的生态环境保护相关部门开展协同执法。现代社会的生态环境治理已然成为一项区域性的行政事务，跨区域生态环境协同执法也已然超越了区域内行政法的范畴。"区域行政即是跨行政区划的两个或两个以上地方政府主体，对跨区域公共事务进行协作治理的一种行政活动模式及制度安排。"[1]由于涉及不同区域行政主体的职能职权、行政行为、行政程序等内容，旧有的行政法理论在对区域性公共治理的解释力上有所欠缺。因此，有学者提出了"区域行政法"的理论，以回应新的区域公共治理挑战。与传统行政法理论不同，区域行政法具有如下特点：

（一）任务功能之现代性转向

在我国行政法理论中，关于行政法的任务，存在着"控权

---

〔1〕 李煜兴："区域行政法初论"，载《行政法学研究》2009 年第 4 期，第 93 页。

论"与"管理权"之争。前者将行政视为"动态的宪法"，认为行政法的任务与宪法一致，即控制行政权，防止行政机构滥用权力，保障行政相对人的权利和自由。"行政法的目标锁定在控制或约束国家，行政法就是控制权力，保障个人自由的工具。"[1]后者则主张行政法的任务在于为行政机构管理提供法律基础，法律应以规定行政机构的权力和行政相对人的义务为目的，而非控制行政权。后来又有学者提出"平衡论"，以弥合上述两种理论的分歧。平衡论认为，行政法应当追求行政主体的权力和行政相对人的权利之间的平衡。"行政权既要受到控制，又要受到保障，公民权既要受到保护，又要受到约束；公民权与行政权之间也应既相互制约，又相互平衡。"[2]然而，"控权论""管理论""平衡论"的争论主要是围绕行政主体与行政相对人的关系展开的，三种理论的共同之处在于，都认可行政法的功能是调整行政主体与行政相对人的关系，区别在于调整方式的不同。即是说，传统的行政法任务功能重点在于行政主体和行政相对人之间的外部法律关系，较少关注行政主体之间的内部法律关系。区域行政法则与此不同，它将关注重点转移至内部法律关系上，有关区域行政立法的主要目的不再是规范行政主体与行政相对人之间的关系，而是规范行政主体之间的内部关系，法律的目的是通过制度化的手段构造起合法、合理、有效的行政主体间关系。与区域行政法视角的转换相一致，区域行政法应当是一种"回应型行政法"，[3]行政法的任务功能就在于通过

---

〔1〕　余凌云：《行政法讲义》，清华大学出版社 2010 年版，第 13 页。

〔2〕　罗豪才、袁曙宏、李文栋："现代行政法的理论基础——论行政机关与相对一方的权利义务平衡"，载《中国法学》1993 年第 1 期，第 55 页。

〔3〕　基于马克斯·韦伯的形式合理性法理论，法理型的统治就是将具有普遍适用的法律，通过法律推理等方法运用到纠纷解决之中，从而实现统治的过程。形式合理性法存在的滞后、呆板、缺乏灵活性等问题使其在应对现代风险社会种种难

行政主体间关系的法治构造，回应各种区域行政问题的现实需要，化解区域面临的共同公共治理难题。为了回应区域公共治理的需求，行政主体不应当仅仅从形式合法性的维度寻找其存在的正当性基础，而是应当结合面对的行政任务和公共事务，从实质合法性的角度寻求权力来源的正当性。为了完成区域行政任务，行政主体需要打破主体间、区域间的壁垒，与其他主体、区域建立协同关系，形成互动格局。"法律机构应该放弃自治型法通过与外在隔绝而获得的安全性，并成为社会调整和社会变化的更能动的工具。在这种重建过程中，能动主义、开放性和认知能力将作为基本特色而相互结合。"[1]

就跨区域生态环境协同执法而言，协同执法的任务在于解决面临的跨区域生态环境问题，因而，协同执法体制应当更加侧重协同执法主体的合理性构造。协同主体的建制应当是效率取向的，协同组织机构的规模与结构都应当根据解决跨区域生态环境问题的现实需要进行构设、调整，在法定的授权范围内，地方协同执法的决策主体，在共同协商的基础上，可以对执法权限、职权范围在不同区域协同主体之间进行配置，可以自主决定协同执法的具体方式。不同协同执法主体间的关系是灵活的，根据解决跨区域生态环境问题任务的复杂程度、影响范围、时间长短，结合各区域自身的行政体制、经济状况，可以建立集

（接上页）题时捉襟见肘。为此，美国学者诺内特、塞尔兹尼克提出了"回应型法理论"，力图实现法律形式合理性和实质合理的平衡。以此为基础，我国学者提出了"回应型行政法"的概念。回应型行政法主张行政法应实现法律和社会的互动，国家应与社会的多元力量建立合作关系，以提高法律面对周围环境的敏感性，更加灵活有效地回应社会治理需求，在更广范围内追求实质正义。参见范文进："论回应型行政法的建立及其路径选择"，载《社科纵横》2014年第11期，第69~72页。

〔1〕 ［美］诺内特、塞尔兹尼克：《转变中的法律与社会》，张志铭译，中国政法大学出版社1994年版，第143页。

决策、执行、监督于一体的专门协同机构进行执法，也可以采取统一执法决策，分别实施执法的方式开展执法，以最终能够回应区域行政任务的需要为原则。

（二）主体关系之合作型重塑

传统的行政法学是以"行政行为"为核心范畴建立起来的理论体系，现实中无论是《行政处罚法》《行政许可法》《行政强制法》等国家层面的行政法律，还是地方层面的行政地方性法规、规章，大部分还是属于行政行为法，关于行政主体的组织性立法并不多。国家层面主要是《宪法》《国务院组织法》《地方各级人民代表大会和地方各级人民政府组织法》（以下简称《地方组织法》），地方立法则较少涉及行政主体的组织性问题，更多的是通过规范性文件的形式对行政主体的职能职权加以调整。行政主体间关系的问题之所以被忽视，原因之一是在区域内行政法的视野中，主体间的纵向和横向关系并不复杂，矛盾解决起来也相对容易。纵向行政主体之间是"上级与下级""命令与服从"的关系，上级政府有权决定下级政府的事权和治权，下级政府并无与上级政府博弈的法律空间。横向行政主体之间并不存在隶属关系，部门之间时常发生冲突，但通过所属政府或者共同上级部门的调解、命令，即可解决冲突，实际上还是依靠一种"命令与服从"的关系来解决冲突。然而，在区域行政法视野下，跨区域的行政主体间关系就复杂许多，因为它们之间并不存在隶属关系，基于行政级别的"命令与服从"逻辑在此并不适用，原来在区域内执法主体结构中形成的有关权力配置、权限范围、法律责任等规范难以成为跨区域行政主体构造新关系的依据。因此，在缺乏足够的法律规范支持以及科层制基础的情况下，跨区域生态环境协同主体间需要寻求一种新的指向，形成一种新的关系。笔者认为，在满足依法行政的前提下，区域行政法语境下的行政主体关系应当以行政任务为指向，"行政任务与行政组织的关系大致是目的与手段的关系，行政组织的建构与规制必须以行政任务与目的的达成为出发点"。[1]为了解决区域间的公共行政问题，不同区域的行政主体应当构造一种合作型的主体间关系。

跨区域生态环境协同执法的目的是解决不同区域面临的共同生态环境问题。显然，这一目标任务的完成不能仅仅依托一个区域的政府或部门的力量，而是需要不同区域、层级政府或部门的合力。故此，不同的协同执法主体之间需要构造合作型的组织间关系。

一方面，合作型的主体间关系是一种灵活性的关系。在协同主体关系的构建中，需要根据跨区域生态环境问题的性质、规模、复杂性，解决问题所需要的时间、人员、物资、经费等因素，采取灵活的合作方式，设计主体的职能、权限、责任。倘若面对的是多发性、长期性、复杂性的生态环境问题，需要投入大量的时间和资源，那么建立常态化的协同执法决策组织、专门化的实际执法组织就较为适宜。相反，倘若面对的是偶发性、临时性的生态环境问题，只建立领导小组、联席会议等议事协调组织就足以应对此类问题，没有必要建立常态化、专门性的执法组织。同理，协同主体在执法过程中，也需要根据行政任务的具体情况，采用不同的执法形式。针对地方利益牵扯较深、影响范围较大的执法任务，需要各地共同进行执法决策，同时采用交叉执法、联合执法的方式，以破除地方保护与利益纠葛对协同执法的影响。针对地方利益纠葛较少、影响范围不大的执法任务，从执法成本考虑，可以在共同决策的基础上，

---

〔1〕〔日〕盐野宏：《行政组织法》，杨建顺译，北京大学出版社 2008 年版，第 1~2 页。

由各区域内的执法主体单独执法。

另一方面，合作型主体关系意味着各个主体不能坐享其成，而是要高度参与到协同执法之中，不能在缺乏合法合理事由的情况下，拒绝履行协同责任。在协同执法过程中，行政主体参与执法，开展合作，既可能产生在两个政府或部门之间，也可能产生在与公共事务有关的多个政府或部门之间，它们之间通过参与协同执法，形成的是一种错综复杂的网络化的主体关系结构。当然，不同的主体参与协同的方式有所差别，在协同执法体制中，中央和省级的行政机关主要承担规则制定者、监督者、利益协调者的角色，主要任务是通过立法赋予协同执法组织主体地位，明确各级主体的职能职权、法律责任，以政策手段激励地方参与执法合作。省级以下的协同主体则主要负责执法活动的具体实施。同时，不同区域的横向协同主体，具有独立的资格，处于平等的地位，而非上下级关系。它们以平等的身份进行合作，目的是促进区域公共问题的解决，维护共同体的利益。各个主体参与协同执法，在法律法规适用、财政政策支持、法律责任承担等方面应当获得平等对待，不能存在不合理的差别。再者，合作型主体关系还是一种主体间的交互性关系。所谓交互性，是指在合作的过程中，协同执法的相关信息应当在主体间高效、及时、无障碍地传递。这些信息既包括有关执法主体的信息，如参与协同的人员、设施设备、时间地点、执法对象等，也包括有关生态环境问题的信息，如环境监测数据、环境问题的影响范围等。不同的协同主体可以建立信息共享平台，实现信息的实时共享，协同执法信息应当保持公开透明，协同主体有对信息的知情权。信息交互传递需要贯穿于协同执法各个环节、整个过程之中，以改善信息不对称、不完整造成的执法效率下降、执法资源浪费等问题。

（三）区域利益之整体性平衡

在现代风险社会，行政主体面对的行政任务日益繁重、复杂，在解决生态环境问题、公共危机、化解风险的过程中，多元利益相互冲突的现象难以避免，行政法必须介入不同的主体间关系之中，对这些多元分化、彼此矛盾的个人、集体、公共利益加以调整。"行政不再局限于传统的不得侵害人民自由的守卫者角色，而是凭借自身优势，积极介入社会的方方面面，调节资源分配，对各种利害关系进行调整。"[1]由于传统的行政法主要关注外部法律关系，因此其侧重于对行政主体与行政相对人之间利益的调整，调整的方法也相对简单。行政主体被认为是公共利益的代表，而行政相对人则代表的是个人利益，二者处于对立的格局中，公共利益具有优先地位，私人利益要服从公共利益，违背公共利益的私人利益不受保护。行政主体在事实上具有优于行政相对人的地位，并且在法律上也享有行政优益权，即为了实现公共利益，法律规定行政主体在履行职权、实施行政管理时，享有职务和物质上优先的利益或条件的权利。例如，基于公共利益需要，行政主体享有单方变更、解除行政合同的权力，在土地管理中，可以收回已经过审批的土地使用权。现实中，对公共利益的解释往往也被认为属于行政主体自由裁量权的范围，很难受到来自司法机关的挑战。然而，区域行政法所要调整的利益冲突主要不是行政主体与行政相对人之间的冲突，而是行政主体之间的冲突。与行政主体和行政相对人之间的利益对立格局不同，不同区域的行政主体间的利益既存在对立的一面，又存在一致性的一面，因而区域行政法对行政主体间利益的调整就需要以消弭对立利益，引导一致利益，

―――――――――

〔1〕 王贵松："作为利害调整法的行政法"，载《中国法学》2019年第2期，第92页。

实现利益的整体性平衡为目标。

以跨区域生态环境协同执法为例，协同执法主体是不同层级、各区域内的生态环境保护主管部门，它们处于纵横交错的多重利益交叉点上。一则，它们有自己的部门利益，能否实现以及在多大程度上实现部门利益往往会影响其协同执法的决策与实施；二则，上下级政府部门之间是一种委托代理的关系，在这种关系之中，地方生态环境保护主管部门是中央和上级对应部门的代理人，代表委托人的利益，中央和上级政府部门将解决跨区域生态环境问题作为任务委托给下级部门，下级部门负有履行职责，通过协同执法完成任务的法律责任；三则，各区域内的协同主体还是地方利益的代表。地方利益包括所属政府的政治利益，市场主体尤其是产生跨区域生态环境问题企业的经济利益，社会大众的民生利益，地方在参与协同执法过程中会尽可能多地追求地方利益，避免本区域利益的过度受损；四则，不同区域的协同主体存在着相互竞争的关系，协同执法既有合作的一面，又有竞争的一面，如果能够在竞争中取得优势，该地方的政府部门就可能获得更大的话语权，争取中央及上级部门的更多的政策与财政支持。协同执法的主导权、决策权是获得竞争优势的关键因素，所以，不同区域的协同主体会围绕主导权、决策权展开博弈，同时也会追求以最小成本获得最大的收益，"搭便车"的情况也会出现。协同执法中多元主体、复杂利益之间相互纠葛、彼此冲突的现象难以避免。"在现代社会的运行过程中，一定程度的社会冲突其实是无法避免的。"[1]当然，也应当看到，除利益相互冲突的一面，协同主体之间还存在利益一致性的一面。尽管某个区域的政府部门可以

---

〔1〕〔英〕拉尔夫·达仁道夫：《现代社会冲突》，林荣远译，中国社会科学出版社 2000 年版，第 143 页。

为了维护自身利益或获得"搭便车"的效果，在一定时间内选择不参与协同执法，但跨区域生态环境问题的持续存在最终会对该区域的生存环境带来影响，威胁到该主体的部门利益与地方利益，而且其他区域内的主体基于理性人的计算，也不会允许"不劳而获"现象的长期存在。在跨区域生态环境问题影响范围不断扩大、持续性不断增加的情况下，作为区域共同体成员的单个行政区政府，不可能一直独善其身，参与协同执法从整体和长远看是有利于各协同主体利益的。可见，它们在生态环境利益上具有非对抗性，在法律政策的内容和方向上具有一致性，因而应当谋求区域利益的整体性平衡。

不同区域内的协同主体既是协同执法的利益相关者，也是协同执法的参加者，尊重各主体的部门利益、地方利益是开展协同执法、追求区域共同利益的前提，不能忽视既有的利益格局。但尊重各部门、各地方的利益并非一味地追求各自利益，跨区域生态环境问题的化解需要突破目前的利益格局。在协同执法机制的构造中，需要约束协同主体盲目谋求自身利益的冲动，通过法律制度惩罚不符合区域整体利益的行为，激励各区域在相互信任的基础上，通过协商沟通、建立利益平衡机制，参与协同执法，实现区域整体生态环境质量的提升。

基于区域行政法的理念，跨区域生态环境协同执法不同于传统意义上区域内生态环境执法的单一执法主体的模式，其为一种不同区域和层级多个主体共同参与的整体执法的模式。协同执法要求能够打破行政部门和行政区域的双重界限，使执法力量、资源在不同区域内统一调配、自由流动，在整个区域内实现资源的合理优化配置。建立协同执法机制意在解决共同面临的生态环境问题，强调问题解决导向、任务目标导向、行政效率导向。执法主体之间的关系构造应当围绕行政任务展开，在尊重、共赢、信任基础上，形成一种贯通纵向、横向和内部的合作型关系。跨区域生态环境问题的解决，协同执法绩效的取得，依赖于参与协同执法的各个主体之间利益的平衡。协同主体需要借由谈判与博弈，通过建立利益分担、共享、补偿等机制，消解相互冲突的利益，搁置难以调和的利益，以区域整体利益为决策目标，承担起维护公共利益的责任，共同参与协同执法，实施生态环境治理。

二、协同执法的组织法基础

区域行政法在整体上为跨区域生态环境协同执法提供了行政法理论的支持，但协同执法机制具体举措的合法性问题需要进一步论证。例如，成立专门的协同机构是一种较为新颖的协同执法模式，其以整合流域的生态环境要素为对象，在职权、队伍整合的基础上，将原本分散于不同区域内生态环境保护执法主体的全部或者部分权限，交由一个执法机构，对流域统一行使执法权。专门协同执法机构改变了法律规定的各区域"分散型"执法格局，对各区域内执法主体的职权进行了调整，涉及不同区域执法主体的设立、撤销与合并，会面临是否合乎行政法上职权法定原则的问题。另外，联合执法、交叉执法也是两种常见的协同执法形式，虽然在这两种形式下，原来执法主体的职权并未被分割或者剥离，全部或部分赋予另一个主体，原来政府部门的职能职权并未发生变化，也没有成立一个新的执法机构统一行使执法权，但仍然会关涉对职权法定的理解。当协同执法以联合执法、交叉执法形式开展时，执法人员或者跨越行政区域，到本部门职权管辖区域外进行执法，或者对非职权管辖对象进行执法，这也与传统行政法对职权法定的理解存在张力。因此，论证跨区域生态环境协同执法的合法性首先就要回答来自职权法定的诘问。

（一）职权法定的规范性解释

"在行政法上，职权法定是行政权力的规则性控制的核心内容。"[1]一般认为，职权法定是依法行政之下的构成原则，意指行政职权只能由具有民主正当性之立法机关通过制定法律进行创设，职权行使也必须经由法律授权才能获得合法性。"无论什么样的职权都必须有实在法上的依据，无论什么样的职权行使也都须以法律为依据。"[2]亦即通常所言的"无法律即无行政权"。换言之，在无法律授权的情况下，行政职权不得随意创设、处分，法定的权属关系亦不得任意改变。具体而言，职权法定包括以下两层含义：

第一，来源法定，即行政职权须获得合法授权。"法律的效力必须法律授予，如不在法律授权范围内，它就在法律上站不住脚。"[3]行政行为以行政职权为基础，无行政职权即无行政，行政职权必须经过合法授权才能产生，即唯有通过立法机关之立法程序设定的行政职权才是合法的权力，行政主体履行职权的行为才具备合法性，其他途径赋予之行政职权从根源意义上讲都不具备合法性。这是对权力来源的要求，构成了职权法定的基础性要求。

第二，越权无效，即行政主体超越法定权限作出的行政行为无效。法律在授予行政主体以行政职权的同时，实际上也是在为其设定界限。行政主体应当以法律设定的职权为界，在实

---

〔1〕 孙笑侠：《法律对行政的控制——现代行政法的法理解释》，山东人民出版社1999年版，第190页。

〔2〕 关保英："行政主体法外设定行政权力研究"，载《当代法学》2016年第6期，第29页。

〔3〕 ［英］威廉·韦德：《行政法》，徐炳等译，中国大百科全书出版社1997年版，第44页。

体上不得超越法定的职权范围，在程序上也要依照法定程序行使职权。如果超越法定权限，行政主体的行为即属于无效行为，经过司法审查，法院可以将其宣布为无效或者撤销，并追究行政主体的法律责任。越权无效是对职权行使后果的要求，倘若超越法定权限的行为仍然有效，行为主体无需承担法律责任，那么来源法定的要求也就没有意义了。因此，越权无效是职权法定原则的保障。

在职权法定的两层含义中，来源法定具有决定性意义，判断行政主体行使的行政职权是否符合职权法定原则，首先就要判断该项权限的来源是否合法，这个问题解决了，是否越权的问题也就明确了。因此，协同执法是否违背职权法定问题的关键即在于协同执法主体的行政职权是否获得了法律授权。

对于什么是"法律授权"，传统行政法采取了较为严格的解释方法。在我国法治语境下，"法律"仅指由全国人大及其常委会制定的规范，不包括除人大立法之外其他主体制定的规范，只有法律才能设定行政职权，其他制定法的设定行为不具有法律效力。"授权"则指的是法律应对行政职权的具体内容进行规定，即是说，法律应当规定何种行政主体，可以针对何种事项，针对哪个对象，实施何种职权行为，在主体、对象、范围、行为等内容方面都加以规定，没有获得授权的主体不能行使行政职权，获得授权的主体则应根据规定的事项、对象行使职权。然而，我国目前人大制定的法律对跨区域生态环境协同执法问题规定得并不具体，政府成立专门的流域协同机构，交叉执法、联合执法等职权缺乏明确的法律授权，协同执法似乎并不符合职权法定的基本原则。然而，得出这样的结论是过于片面的，对于此问题不能泛泛地以"是"与"否"来进行判断，而是应当根据区域行政法的理念，结合协同执法的具体行政职权进行解释。

职权法定原则之所以被认为是行政法的基本原则，最重要的理由在于通过将行政职权严格限制在法律规定的范围内，能防止行政脱离法治轨道，自我创设并滥用权力，造成行政相对人权益的侵害。"行政职权法定的法理意义在于，它揭示了行政权是有限的、可数的，并为行政机构划定了行使行政权的外围边界。"[1]可见，职权法定仍然着眼于外部法律关系，以行政主体与行政相对人的对抗关系为理论前提，意在借由控制行政权来保障公民的合法权益。而区域行政法调整的是行政主体间的关系，关注的是行政职权在不同主体间的配置问题，并不直接涉及行政相对人。所以，协同执法应当坚持职权法定的基本原则，但对职权法定的规范性解释不宜采取过于苛刻的态度，而是应当采取适当宽松的解释策略。

一方面，协同执法主体所行使之行政职权须获得法律授权，但此处的"授权"应当是一种整体性的授权，而不应要求具体性的授权。当法律在整体上授权政府有权处理协同事务，行使协同执法行为时，就应当认为协同执法符合职权法定原则，中央和地方政府有权建立专门的协同执法机构，开展跨行政区域的执法活动。而从宪法和法律（组织法和行为法）的相关规定来看，协同执法已经获得了整体性授权。

《立法法》第8条规定，政府的产生、组织和职权属于法律保留事项，因此，政府开展协同执法合法性的关键是法律是否授予其建立协同机构，进行跨区域执法之权。《宪法》相关条款规定，"国家机构"，即"一府一委两院"和省级政府的建制权属于全国人大的立法权范围，相关机构的设立须由全国人大决

---

〔1〕 章剑生：《现代行政法基本理论》，法律出版社 2008 年版，第 106 页。

定，中央和省、自治区、直辖市的国家行政机关的职权的具体划分则由国务院规定，国务院还有领导和管理生态文明建设的职权。[1]而根据《地方组织法》，县级以上人大及其常委会有讨论、决定本行政区内环境和资源保护重大事项的权力。县级以上地方人民政府负有管理环境和资源保护行政工作的权力，并有权设立必要的工作部门，其设立、增加、减少、合并由本级政府报上级政府批准，并报本级人大常委会备案。[2]从这些法律条款来看，国务院为了生态环境治理的需要，有权对国家及省级生态环境执法权进行调整，而地方政府也可在批准后，进行地方政府生态环境保护执法部门的设置。可见，《宪法》和《地方组织法》虽然并未明确规定政府有权设立跨区域协同执法机构，或者进行跨区域执法，但政府已然获得了行政机构、行政职权设置的一般性授权。跨区域生态环境协同执法所涉及的政府工作部门及其职权的变化，应当属于政府权限范围内的事项，相应级别的政府有权决定生态环境保护相关部门的设立、合并、撤销，以及生态环境执法职权的调整事项。

另一方面，"行政组织法可以对行政组织的权限作出统一明确的规定"。[3]但此处之"明确"不具有绝对意义，"明确"不是"精确"。组织法可以对事权进行明确规定，如规定生态环境保护主管部门针对哪些事务具有执法权，但无法规定具体的职权，而只能进行基本规定，如规定生态环境保护主管部门具有管理生态环境事务的权限。具体职权的规定主要由行为法及生态环境保护专门法加以规定，因而政府协同执法的合法性还应

〔1〕 参见《宪法》第62条、第89条第（四）项、第（六）项。
〔2〕 参见《地方组织法》第8条、第44条、第59条、第64条。
〔3〕 应松年、薛纲凌："行政组织法与依法行政"，载《行政法学研究》1998年第1期，第15页。

从与协同执法有关之行政行为法、生态环境保护专门法加以分析。

从行政行为法方面看，《行政处罚法》与《行政强制法》有关于集中行使行政处罚权、行政强制权的规定。[1]国务院或者经国务院授权的省级政府可以决定将除限制人身自由之外的行政处罚权、行政强制权交由某一行政机关行使。对生态环境执法中的行政处罚权、行政强制权进行分离、整合属于政府法定权限范围应无疑问。问题在于，区域内集中行政执法权主要是将区域内分散于政府各部门的职权集中起来，交由一个部门或新成立的部门行使所谓"综合执法权"，而将不同区域的执法权集中行使是否属于这两部法律中的"集中"则存在疑问。笔者认为，如前所述，既然国务院和省级政府有权基于生态环境管理工作需要，设立政府工作部门，调整行政职权，那么它们自然也可以设立一个部门集中行使执法权限。国务院可以把属于跨越省级区域的执法权交由专门流域机构行使，省政府则可在跨地级、县级的范围内实现执法权的集中。

从生态环境保护专门立法看，我国生态环境保护方面的法律确立了生态环境执法采取"主管部门+相关部门"的执法模式，法律并未对"主管部门"的具体指涉进行规定，现实中通常是各地生态环境厅（局），但立法也会根据需要另行决定具体环境问题的执法主体。如根据《环境噪声污染防治法》，针对建筑施工噪声污染行为的执法权就属于生态环境主管部门，而非住房和城乡建设部门。[2]即是说，法律并未否认专门协

---

〔1〕 参见《行政处罚法》第 18 条，《行政强制法》第 17 条。

〔2〕 《环境噪声污染防治法》第 56 条规定，建筑施工单位违反本法第 30 条第 1 款的规定，在城市市区噪声敏感建筑物集中区域内，夜间进行禁止进行的产生环境噪声污染的建筑施工作业的，由工程所在地县级以上地方人民政府生态环境主管部门责令改正，可以并处罚款。

同机构成为主管部门的可能性。同时，政府设立协同执法机构，配置执法权限的直接依据是《环境保护法》第 20 条，根据该条，国务院和地方政府分别有权建立重点和非重点地区的跨区域的生态环境治理联合防治协调机制。[1]《水污染防治法》规定国务院和省级政府有权建立流域水环境保护联合协调机制，《海洋环境保护法》直接规定省、自治区、直辖市政府有权建立海洋环境保护区域合作组织，《大气污染防治法》直接规定省、自治区、直辖市政府可以组织联合执法、跨区域执法、交叉执法。[2] 由此可知，政府在海洋、大气环境治理中建立协同机构、开展协同执法已经获得了直接的法律授权，政府在其他领域治理中有权建立协调机制，而协同执法诸种措施则是协调机制的内容之一。所以，一部分协同执法措施直接获得了授权，另一部分措施的合法性蕴含在法律有关建立协调机制的授权之中。

（二）职权法定的功能主义解释

协同执法是将不同行政区域的执法权进行整合，即行政主体和职权在法定地域管辖权上的变更，如果仅仅从形式法治的视角，以规范法学的方法解释职权法定，证成跨区域生态环境协同执法的合法性尚显不足，还需要从实质法治的角度，采用功能主义[3]的进路对职权法定加以阐释。作为一种社会学思

---

〔1〕 参见《环境保护法》第 20 条。

〔2〕 参见《水污染防治法》第 28 条，《海洋环境保护法》第 8 条，《大气污染防治法》第 92 条。

〔3〕 通常认为，在孔德、斯宾塞等早期社会学家的著作中，功能主义即已被作为一种明确的社会学理论提出，随后经过帕森斯、默顿等学者的发展，功能主义日臻完善并成为一种重要的社会学方法，出现了亚历山大、卢曼等新功能主义倡导者。功利主义的核心要旨在于认为社会系统之存在意义在于其对外部环境所发挥的功能。参见［英］艾伦·斯温杰伍德：《社会学思想简史》，陈玮、冯克利译，社会科学文献出版社 1988 年版，第 231 页。

想，"功能主义从社会整体存在的必要性出发来分析个体行为和社会制度、社会现象，认为所有社会现象必然是某种功能性的体现"。[1]在功能主义的视野中，"必须把法律放在与社会整体及其各个组成部分的联系中并根据它在这种联系中所发挥的功能来加以考察"。[2]故此，作为环境治理系统的一环，环境执法体制的构造方式取决于其对维护生态环境系统、提升环境问题治理绩效具有的实质性功能。"一个社会结构单位中，既有对系统或群体发挥整合与内聚作用的正功能，也有导致社会结构及其关系破裂的反功能。"[3]跨区域生态环境协同执法尽管可能存在权限过大、滋生滥权的反功能，但与前述分散型执法相比，其正功能要远大于负功能。

生态环境治理属于典型的公共物品，具有非竞争性与非排他性，非竞争性意味着私人提供公共物品是不经济的，基于理性选择，其通常不会主动进行生态环境治理，政府应当是生态环境治理的最主要力量，基于法定职权，不同区域的政府部门构成了生态环境治理的多元主体。非排他性则意味着生态环境治理中可能出现"搭便车"现象。一个区域政府部门实施生态环境治理后获得的环境收益会使其他区域的政府部门受益，尽管其他区域政府部门亦承担治理职责，但却并未付出治理成本，实施治理行为。如果说环境问题超越地域空间，溢出政府部门、行政区域、国家界限是一种经济上的"负外部性"，那么生态环境治理的普惠性则是一种经济上的"正外部性"，而"搭便车"

---

〔1〕 贾春增主编：《外国社会学史》（修订本），中国人民大学出版社 2000 年版，第 213 页。

〔2〕 马姝："论功能主义思想之于西方法社会学发展的影响"，载《北方法学》2008 年第 2 期，第 38 页。

〔3〕 ［美］罗伯特·K. 默顿：《社会理论和社会结构》，唐少杰等译，译林出版社 2015 年版，第 52 页。

现象正是此种"正外部性"的负产品。区域之间的"搭便车"已然构成影响我国生态环境治理绩效提升的困境，而其重要原因是"分散型"的执法权配置模式。"分散型执法"某种程度上形成了一种"各人自扫门前雪"，甚至"他人帮扫门前雪"的错误激励。"地方政府作为理性行动者，在公共物品供给过程中会相互博弈，各方尽量规避负外部性成本，垄断正外部性收益，这使得双方或多方在短期内难以达成有效合作。"[1]以京津冀的大气污染为例，三地污染物存在相互扩散、彼此交叉的情况，但受限于行政管辖权，"三地在大气污染上所耗费的治理成本却严格限制在各自行政区域内部，并不会为区域界限之外的其他区域承担治理成本"。[2]执法权由"分散"到"协同"，能够有效消弭执法主体的"搭便车"现象。由一个主体，或者多个主体协同一致行使执法权，当出现生态环境问题时，其不能以不属于法定职权或管辖权为由拒绝行使执法权，拒绝为环境治理支付成本，而坐享其他区域主体行政执法后的环境收益。"将分散在各个部门的相同或相近的职能作横向上的合并，有利于以组织内部的协调来代替外部的冲突，以避免政出多门，各行其是，从而最终解决'部门割据'问题。"[3]在很大程度上，协同执法使得执法部门不必陷于如何进行权限划分、程序统一、协同合作的法律困境之中，相互推诿或扯皮等"执法内耗"问题，也可以得到有效的解决，最终，借由环境执法能力的提升使得环境系统的整体治理绩效得以改善。

---

　　〔1〕　武俊伟、孙柏瑛："我国跨域治理研究：生成逻辑、机制及路径"，载《行政论坛》2019年第1期，第67页。

　　〔2〕　魏娜、赵成根："跨区域大气污染协同治理研究——以京津冀地区为例"，载《河北学刊》2016年第1期，第89、145页。

　　〔3〕　金太军等：《政府职能梳理与重构》，广东人民出版社2002年版，第346页。

　　"公法中的功能主义风格更容易契合于当代的法律经验",[1]从功能主义的维度分析，不能再简单认为"行政法是作为控制权力以及保护自由的一种工具，侧重于法院而不是政府",[2]"只要制定法未有效指示行政行为，个人自主权就易受到行政官员任意施加的制裁的影响",[3]而是坚持一种"面向行政的行政法",[4]对职权法定作更加宽松的功能性解释。严格的规范主义解释，传统的职权法定观念应当予以调整。事实上，对职权法定进行更加宽泛理解的现实原因在于，行政组织的职权应根据行政管理的需要进行调整，即便是规定了主体—职权—对象—范围的一一对应关系，随着实践的发展，这种对应关系也不得不被打破，这也是我国历次机构改革的主要原因之一。2018 年的党和国家机构改革是最新呈现，生态环境执法体制也是一项重要改革内容。在执法体制改革与职权法定发生理解上的冲突时，"可以利用目的解释、社会学解释等方法，对具有模糊性的法律规范加以解释，在其所允许的数种解释内选择最符合社会发展需求、具有最佳社会效果的解释"。[5]故此，在宽泛的法治语境范围内，不违反立法的原则、精神和规则以及一般法理，符合一定的行政目的，具备完成一定行政任务的跨区域生态环境协同执法，即合乎职权法定原则。

---

　　〔1〕［英］马丁·洛克林：《公法与政治理论》，郑戈译，商务印书馆 2002 年版，第 331 页。

　　〔2〕［英］卡罗尔·哈洛、理查德·罗林斯：《法律与行政》，杨伟东等译，商务印书馆 2004 年版，第 67 页。

　　〔3〕［美］理查德·B. 斯图尔特：《美国行政法的重构》，沈岿译，商务印书馆 2011 年版，第 13 页。

　　〔4〕谭宗泽、杨靖文："面向行政的行政法及其展开"，载《南京社会科学》2017 年第 1 期，第 100 页。

　　〔5〕李洪雷："深化改革与依法行政关系之再认识"，载《法商研究》2014 年第 2 期，第 53 页。

三、协同执法的行为法基础

（一）区域行政行为

跨区域生态环境协同执法包括行政处罚、行政强制、行政许可、行政检查等多种类型的行政行为。在区域行政法的视野下，这些行为有可能由不同的主体实施，如在联合执法的情况下进行的执法，也有可能跨越行政区域实施，如交叉执法情况下进行的执法，协同执法中的行政行为与行政主体、行政管辖间的对应关系被打破，形成了一种"区域行政行为"。有学者认为："从行为主体、客体和性质三个方面来看，所谓区域行政行为，是指不同行政区域的行政主体协调处理区域公共事务的一种准内部行政行为。"区域行政行为的重要特征在于行为主体的多元化，不同区域间的主体需要构造不同的关系实施集体性的行为。就跨区域生态环境协同执法而言，根据生态环境执法部门之间关系的不同，区域行政行为可以分为区域共同行政行为、区域性职务协助行为和链条式行政行为三种。[1]在这些区域行政行为之中，与跨区域生态环境协同执法相关且需要进一步展开学理讨论的是共同行政行为。

共同行政行为是由不同区域的执法主体，针对同一事项，共同实施的行政行为。具体而言又有三种情形：第一种情形是针对同一事项，不同区域的执法主体共同作出决定，并以共同的名义执行该决定。如相邻两地的生态环境保护主管部门共同决定对行政区域界限内的污染企业进行检查。第二种情形是针对同一事项，不同区域的执法主体共同作出决定，但不同区域内的执法主体以各自名义分别执行。如相邻两地的生态环境保

---

〔1〕　叶必丰："区域协同的行政行为理论资源及其挑战"，载《法学杂志》2017 年第 3 期，第 84 页。

护主管部门共同决定对各自辖区内的污染企业进行检查，决定作出之后，两地执法主体分别进行检查。在这两种情形中，前一种的决定、执行的环节体现了共同意思，行为作用于一个对象；后一种情形的决定环节体现了共同意思，而执行环节则体现了各自的意思，行为作用对象也不相同。第三种情形是针对同一事项，不同区域的执法主体共同作出决定，到非本行政区内分别以自己的名义执行。如相邻两地的生态环境保护主管部门共同决定，对两地的污染企业进行交叉执法检查，决定作出之后，两地执法主体分别针对对方行政区内的污染企业进行检查。在一个行政区域内也存在两个主体共同实施的行政行为，一级政府的生态环境、公安、城市管理针对环境违法行为进行联合执法的情形多有发生，区域内多部门实施的执法行为一般是在所属政府命令之下开展的活动，由政府主管官员负责协调，并且也不涉及地域管辖的问题，因而共同实施执法的难度较小。但不同区域协同执法在缺乏更高级别权力介入的情况下，其共同实施行政行为并非易事，更为重要的问题还在于，执法主体跨越行政区域进行执法的法理依据为何？

需要指出的是，区域行政行为尽管属于行政行为，存在主体间产生、变更、消灭权利义务的意思表示，能够产生法律效果，但此种意思表示是行政主体间的职权职责变动的意思表示，通常不会对执法对象的权利义务产生直接影响，即便对执法对象产生影响也需要一定的程序转化。因此，区域行政行为系内部行政行为。但区域行政行为不同于传统的行政机关对公务员，上级行政机关对下级行政机关实施的内部行政行为，区域行政行为主要是一种平等主体间的行为。"区域行政行为与一般内部行政行为不同，在一定意义上，它具有外部法律效果，是一种准内部行政行为。"〔1〕当协同执法只涉及不同区域主体共同决定的层面时，由于决定环节仅发生于主体之间，不涉及执法对象，因而其不会产生对外法律效果，但协同执法的执行环节会对相对人直接产生法律效果，影响相对人的权利义务。因此，在上述三种情形中，第二种情形是执法主体在自己辖区内执行，其余两种情形的执行行为跨越了行政区域，突破了目前的行政管辖权制度，是地域管辖权的重新配置。因此，需要根据上述不同的情形回答协同执法的合法性问题。

行政管辖权是行政主体之间对特定行政事务处理权的一种划分。"管辖权所涉及者，为特定行政任务，究竟由何一行政主体或何一行政机关执行之问题。"〔2〕行政管辖权包括事务管辖权、级别管辖权、地域管辖权等具体类型，其中地域管辖权是协同执法主要涉及的管辖权类型。地域管辖权通常由法律加以规定，在法律规定之后，行政主体即与其辖区内的行政事务之间形成了唯一的管理关系，可以排除其他区域主体对相应事务的处理权。我国立法赋予了县级以上政府的生态环境保护主管部门在本行政区内的生态环境执法权，〔3〕此种规定即对行政主体产生拘束力，生态环境保护主管部门不得任意放弃权限，拒绝履行职权，也不得任意处分，不得把执法权转移给其他区域主体。相应地，若执法主体已经受理了非管辖权内的行政事务，则应当将该事务转移至有权主体，不得自行处理，否则就会超过法定职权，构成可撤销的行政行为。

如上所述，协同执法作为一种区域行政行为包括了决定和

〔1〕　刘云甫："区域行政行为的内涵及其法律规制初探"，载《南京社会科学》2019年第4期，第88页。

〔2〕　陈敏：《行政法总论》（第10版），新学林出版有限公司2019年版，第950页。

〔3〕　参见《环境保护法》第10条。

执行两个环节,三种情形中的"决定"环节属于共同的意思表示,只是"执行"环节有所不同。现实中,共同决定主要是通过不同区域执法主体间的合作协议表现出来的,如京津冀、长三角地区协同执法的合作协议、框架等。这些协议中有关地域管辖权的约定,是经过平等协商作出的,一个区域内的执法主体通过协议将生态环境事项管辖权转移给另一个区域内的主体行使,因此,此处的问题就成了不同区域的行政主体能否以行政协议方式自行配置生态环境事项地域管辖权的问题。对此,应当在区域行政法的视野下,理解协同执法与地域管辖权之间的张力,并对之采取较为宽松的态度。

(二) 行政协议

协同主体有就生态环境执法事务缔结协议的权力。我国《宪法》第 3 条规定,中央和地方的国家机构职权的划分,遵循在中央的统一领导下,充分发挥地方的主动性、积极性的原则。在行政区域划分的基础上,《宪法》原则性地规定了中央政府与地方政府的职权范围,《地方组织法》则将县级政府和乡级政府的职权范围进行了细化。[1]从这些规定来看,我国法律并未明确规定不同区域行政主体可以缔结行政协议,但也未禁止此种权限,协同执法协议缺乏明确的法律依据。不过,从发挥地方主动性、积极性的原则出发,应当肯定协同执法协议的适法性。在现代公共行政当中,引入契约的理念,通过平等协商达成并履行协议的方式进行公共治理是提升行政机构积极性、主动性的有效手段。"作为结构与管理整合,所必须的适当的法律手段,契约以及半契约关系在公共管理中起到核心的作用。"[2]协

---

〔1〕 参见《宪法》第 30 条、第 89 条、第 107 条,《地方组织法》第 59 条、第 61 条。

〔2〕 Flynn, Norman, *Public Sector Management*, Sage Publications, 2012, p. 231.

同执法协议扩大了生态环境治理的参与主体，是行政民主化的体现。在协同执法协议中，对执法目的的实现方式，执法的对象、手段的选择由不同区域的执法主体协商确定，并以协议一方主体的同意作为实施跨区域协同执法的前提条件，这就使得不同区域执法主体的意志在协议形成和执行过程中得到了最大限度的尊重，且多元主体的参与使生态环境治理提高到了一个新的水平。并且，以缺乏法律明确规定而否认行政协议的合法性恰恰忽视了行政协议本身所具有的价值。协同执法协议具有弥补立法不足、替代立法规制的作用。法律制度供给不足是我国跨区域生态环境协同执法面临的障碍之一，在缺乏法律规定或法律规定不具体的领域，各地协同执法主体通过订立协议，明确各自的职权职责，并根据现实需要适时进行调整，从而能够弥补立法不足，达到代替立法规制的效果。"弥补立法不足是行政契约作为行政手段所具有的突出的功能，也是其弹性与机动性所在。"[1]另外，法律之所以没有对行政协议缔结权进行明确规定，原因之一就在于，政府履行职权的方式多种多样，无法一一明确，而行政协议仅为其中一种方式。协同执法主体间的行政协议是地方政府行使生态环境执法权的一种形式，不是一种新的职权类型，因而也就没有必要在法律上加以规定。不过，在地方立法中，多个省级地方性法规明确将行政协议规定为区域合作的一种法定方式。《江苏省行政程序规定》第 14 条规定，区域合作可以采取签订合作协议、建立行政首长联席会议制度、成立专项工作小组等方式进行。浙江省、湖南省的行政程序地方性法规也有类似规定。[2]

在一般意义上，协同执法主体具有缔结行政协议之权，具

---

〔1〕 余凌云：《行政法讲义》，清华大学出版社 2010 年版，第 259 页。

〔2〕 参见《浙江省行政程序办法》第 14 条，《湖南省行政程序规定》第 15 条。

体而言，各地协同主体有权将生态环境执法事务作为缔约内容的前提是该事务不属于中央政府专属职权范围内的事项。根据我国《宪法》和《地方组织法》，中央和地方政府管辖事务的范围大体一致，即中央和县级以上地方政府均对包括生态环境保护事务在内的经济、教育、科学、文化、卫生、体育事业、城乡建设事业和财政、民政、公安、民族等事务具有管辖权。哪些属于中央专属行政管辖事务并不明确。但参考《立法法》中的相关规定，可以得出生态环境执法事务并非中央专属管辖事务的结论。《立法法》第 8 条规定了 10 个法律保留事项，作为法律保留的事项只能制定法律，或者经全国人大及其常委会授权制定行政法规，其中并未包括生态环境保护事项；该法在第 72 条规定设区的市可就"环境保护"事项制定地方性法规。所以，生态环境保护事务并非中央专属事务，属于地方自主管辖权范围之内。由此可以判断，生态环境执法是生态环境保护事务的一项内容，是政府履行生态环境保护职能的具体方式，协同主体有权就该事项缔结行政协议。而且，《环境保护法》规定了各地政府有权建立联合防治协调机制。《水污染防治法》也赋予了省级政府建立重要江河、湖泊的流域水环境保护联合协调机制的权力，实行统一规划、统一标准、统一监测、统一的防治措施。该法还直接规定了省级政府可以组织联合执法、跨区域执法、交叉执法等措施。从这些规定来看，跨区域生态环境协同执法是地方自主权内的事项，在经过法定程序的前提下，作为协同执法主体的政府及其部门可以自主决定采取何种形式的执法措施，这些措施当然包括了通过协议将执法权转移给其他区域的执法主体，进行异地执法、交叉执法。并且，从当前生态环境管理体制改革的方向来看，中央保留重要权限，扩大地方政府在跨区域生态环境保护事务的管辖权是改革的趋势之一。2018 年 12 月，中央发布《综合执法指导意见》。根据该《综合执法指导意见》，地方有权建立健全区域协作机制，推行跨区域跨流域环境污染联防联控，联合监测、联合执法、交叉执法。《综合执法指导意见》鼓励市级党委和政府在全市域范围内按照生态环境系统完整性实施统筹管理，统一规划、统一标准、统一环评、统一监测、统一执法。所以，不同区域协同主体通过行政协议，突破地域管辖范围配置执法权限具有行政法上的容许性。

（三）行政处分

协同主体有对行政管辖权进行处分的权力。跨区域生态环境协同执法的主体主要是各区域的生态环境保护主管部门，它们是法律上的行政主体，能够以自己的名义行使职权并承担法律责任。行政主体的法律属性意味着生态环境保护主管部门具有相对独立的意志，其独立于所属整体行政系统的意志，虽然协同主体在行政关系上属于政府的工作部门，但其在主体意志上不具有从属性，二者均可进行独立的意思表示。同理，生态环境保护主管部门与其上级部门的意志也不具有从属性，协同主体是享有独立意志的行政实体。正是基于意志的独立性，协同主体才具备了法律上的人格，而法律上的人格指的就是主体自由选择、自我决定的一种资格，法律人格的基础就是一种自由权。在法律允许的范围内，协同执法主体可以根据执法任务、对象自主决定执法的方式。当然，此种自由权是以独立责任为保障的，协同主体应当对自己的选择和决定独立承担法律责任。尽管协同执法主体缔结的行政协议仍是一种公权力行为，形成的是行政法上的权利义务关系，但这与建立于单方权威与服从之上的传统内部法律关系不同，协同执法协议具备了民事合同的平等性、合意性，以及自主选择性特点。协同执法主体互不隶属，具有平等的法律地位，在平等协商的基础上，协议各方有权处分自己的权利，包括将其全部或者部分转移至另一方行使。当然，此种处分的自由是受到限制的，民事合同中的当事人只要不违背法律的强制性规定，其对权利具有广泛的自由处分权，但协同执法协议对行政职权的处分不是绝对和任意的，主体进行的处分不能违反法律的规定，同时还应当有利于行政任务目标之达成。

另外，就行政管辖权本身来看，"行政管辖权是指行政系统中不具有隶属关系的行政主体之间首次处置行政事务的权限分工"。[1]法律规定行政管辖权的目的在于以一定的连接点将行政主体与行政事务、行政相对人连接起来，从而使行政事务、行政相对人进入行政主体的职权范围，但连接点不应当是唯一的，而应当是多元的。法律通常以行政主体的级别、行政事务的特性、行政相对人所在地或行为发生地为连接点形成级别管辖、事务管辖、地域管辖，而且在某些情况下还可以进行指定管辖。

地域管辖是管辖权确立的连接点之一，其指行政相对人行为发生地的行政机关对案件具有管辖权，地域管辖是我国法律规定的行政管辖权的主要连接点。通常而言，行为发生地的县级以上行政机关对该行为具有地域管辖权。如《行政处罚法》第22条、第23条规定，行政处罚由违法行为发生地的县级以上地方人民政府具有行政处罚权的行政机关管辖。生态环境违法行为的地域管辖也是如此，《环境行政处罚办法》第17条规定，县级以上环境保护主管部门管辖本行政区域的环境行政处罚案件。造成跨行政区域污染的行政处罚案件，由污染行为发生地环境保护主管部门管辖。因此，跨区域污染案件的处罚权由行

---

〔1〕 朱最新、刘云甫："法治视角下区域府际合作治理跨区域管辖组织化问题研究"，载《广东社会科学》2019年第5期，第225页。

为发生地的执法部门行使。然而问题在于，"行为发生地"的外延是不确定的，多个地点可能同时构成行为发生地。违法行为的开始、途经、结束地都属于行为发生地，而且如果违法行为处于连续、持续或继续状态，该行为可能会在多个地方实施，它们也是行为发生地。于是，现实中就会存在两个或两个以上主体都对环境违法案件有地域管辖权的情况，从而导致管辖权的冲突。更为重要的是，只将行为发生地的生态环境保护主管部门规定为生态环境违法案件管辖机关的法律规范并不能满足现实的需要，尤其是跨区域生态环境协同执法的需要。甲省内的企业实施了向河流超标排污行为，甲省是违法行为发生地，该省的生态环境保护主管部门有管辖权，但污染物顺流而下造成了相邻的乙、丙两省生态环境的破坏，乙、丙两省属于违法行为的结果地，直接承受了排污行为造成的后果。在这种情况下，违法行为结果地的损失要大于行为发生地的损失，如果还是一味坚持由甲省进行单独管辖，不允许作为利益受损方的乙、丙两省对案件行使一定程度的管辖权，显然是不合理的。因此，为了解决管辖权冲突，以及地域管辖难以契合现实需要的问题，法律允许指定管辖的存在。根据《环境行政处罚办法》第 20 条，下级环境保护主管部门对于案件重大、疑难或者实施处罚有困难的可要求上一级环境保护主管部门指定管辖，上级环境保护主管部门也可自行决定进行指定管辖。而除了通过指定管辖变更地域管辖之外，也应当允许不同区域的生态环境保护主管部门通过协议的方式对地域管辖进行变更，由其他主体或相关主体共同行使管辖权。

（四）行政委托

协同主体有根据现实需要进行委托的权力。除从行政协议、行政处分两个维度外，协同执法的行为法基础还可从行政委托的角度加以论证。

"行政委托是出于管理上的需要，某一行政主体（委托人）委托另一行政主体或其他组织及个人（被委托人）以委托人的名义代行职权或其他事务，其行为效果归属于委托人的法律制度。"[1]协同主体间有关生态环境执法的行政协议可被视为一种行政委托的方式，一个区域内的行政机关借由协议将执法权委托给另一个区域内的行政机关行使。我国《行政许可法》《行政处罚法》以及《环境行政处罚办法》均规定了行政机关有权将其职权委托给其他主体行使。[2]即是说，行政机关可以实施行政委托，此点已经为法律明确规定。然而，在行政机关能否成为受委托主体的问题上，学界存在分歧。有学者主张行政机关不能成为受委托方，"行政机关可以将其拥有的某些管辖权委托给某个社会组织行使，受委托的组织不具有独立的主体资格，不是行政主体"。[3]另有学者持相反观点，认为"行政机关、社会组织和个人都可成为受托主体"。[4]从立法上来看，《行政许可法》等立法已经规定了行政机关可以成为受委托的主体；在行政法实践中，如在行政协议中，行政机关作为受委托方的情况也较为常见。并且，最高人民法院在［2017］最高法行申2289号案中认为，行政权力可以委托，如果没有法律、法规的禁止性规定，也没有专业性方面的特殊要求，行政机关可以将某一事项的一部分或全部委托给其他行政机关、下级行政机关乃至私人组织具体实施。涉及国家重大利益以及公民重要权利

〔1〕 胡建淼：《行政法学》（第4版），法律出版社2015年版，第553页。

〔2〕 参见《行政许可法》第24条，《行政处罚法》第20条，《环境行政处罚办法》第15条。

〔3〕 周佑勇：《行政法原论》（第3版），北京大学出版社2018年版，第115页。

〔4〕 姚锐敏："简论行政委托的规范化和法制化"，载《行政与法（吉林省行政学院学报）》2001年第6期，第37页。

的领域以外的具有给付、服务性质的行政行为，尤其是以协商协议方式实施的行为，更是如此。[1]进一步从比较法的视角观察，行政机关之间的委托也被域外立法所认可。德国的行政机关可以进行相互的授权，也可以进行委托，二者之间的不同在于，在授权关系中，被授权者以自己的名义作出行政行为，其类似于我国行政主体中法律、法规授权的组织；而在委托关系中，被委托者需要接受委托者的指示、监督，受托者承担法律责任，其与我国的行政委托同义。[2]日本行政法则借鉴了其民法，设置了类似于德国的委托代理制度，行政机关之间可以实施授权代理，行政机关可以委托其他行政机关行使其管辖权，受委托机关应以维护委托机关的利益为目的，以委托机关的名义行使权力。[3]

　　就跨区域生态环境协同执法事项而言，也应当承认行政委托的适法性。一方面，行政权与行政职权二者具有不同的含义，行政权是行政机关具有的与立法权、司法权相异的整体权力，行政权不能放弃也不能转移，而行政职权则是法律规定的行政权力，如行政处罚、许可、检查等权力。行政职权可以基于法律规定和行政管理的现实需要通过委托的方式进行处分。另外，行政委托是主体内部行政职权的重新调整，并不具有对外的直接效力。"行政委托是一种行政职权体系内的分工，或者只是对行政权在行政体系内进行的一种重新的排列组合。"[4]这种系统

---

　　〔1〕　参见范某与太和县城关镇人民政府、太和县人民政府行政协议再审审查与审判监督［2017］最高法行申 2289 号行政裁定书。

　　〔2〕　［德］哈特穆特·毛雷尔：《行政法学总论》，高家伟译，法律出版社 2000 年版，第 515 页。

　　〔3〕　叶必丰："论行政机关间行政管辖权的委托"，载《中外法学》2019 年第 1 期，第 99 页。

　　〔4〕　黄娟："行政委托内涵之重述"，载《政治与法律》2016 年第 10 期，第 148 页。

性内的排列组合体现了行政主体的自主意志，符合公法私法化的行政法治趋势。何况，行政委托的法律特征决定了跨区域行政机关之间的委托并未导致既有行政法律关系的变化，虽然执法主体是其他区域的生态环境保护主管部门，但通常情况下，受托方不会直接作出对相对人有法律效力的行政决定，而是交由属地生态环境保护主管部门作出，并由其承担法律责任，相对人的权利义务并未发生变化。另一方面，跨区域生态环境协同执法主体之间进行行政委托的目的在于解决整个区域的生态环境危机，维护公共利益，主体间签订协议对执法事项实施委托，自愿对自己的职权进行某种程度的调整以符合行政法上对公共利益的要求。并且，在地理空间上，协同主体之间相互毗邻这一事实无法改变，跨区域生态环境问题发生后无法解决，就会成为其共同面对的危机。同时，跨区域生态环境问题往往较为严重，相对人违法行为较为严重，案件较为复杂，波及面十分广泛，一个区域生态环境保护主管部门在执法权限、执法人员、物质基础、保障措施等方面毕竟有限，仅靠自身力量难以有效化解危机。"跨越两个或两个以上行政区共同边界的不可分而治之的跨界公共问题难以得到有效的治理。填补跨界公共问题和公共物品提供的权力真空客观上需要相关行政管辖权的让渡。"[1]在经济上，以行政协议的方式进行执法职权的委托，而不是设立新的机构，是生态环境执法权运行更为节约成本的方法。各方主体在平等协商基础上，共同决定由最适合的主体承担执法职权，这个主体通常在执法能力和水平上更具优势。同时，在各方同意下，执法行为会更加顺畅，更有效率。由于委托是各方自由选择的结果，也就可以有效避免传统地域管辖

---

〔1〕 杨龙、彭彦强："理解中国地方政府合作——行政管辖权让渡的视角"，载《政治学研究》2009年第4期，第65页。

的执法冲突、执法空白等内耗现象，降低执法权运行成本。另外，现实中的跨区域交叉执法、异地执法的原因很大程度上是为了破除地方保护造成的懈怠执法，另一区域的生态环境保护主管部门进行执法与本地企业之间不存在利益关联，能够排除干扰，以更加公正、严格的态度开展执法。

第四章

跨区域生态环境协同执法的内外障碍

一、外部障碍：现行体制的多重制约

（一）法律制度尚需完善

自中华人民共和国成立至今，我国的生态环境保护立法大致经历了三个阶段：中华人民共和国成立至党的十一届三中全会召开为起步阶段。在此期间，我国于 1973 年 8 月召开了第一次全国环境保护会议，通过了《关于保护和改善环境的若干规定（试行草案）》，该规定是我国第一个综合性环境保护法规。从 1979 年到 2012 年党的十八大召开是发展阶段。1979 年 9 月，全国人大通过了《环境保护法（试行）》，这部法律是我国生态环境保护立法的标志性事件，随后《海洋环境保护法》（1982年）等一系列法律制定并实施，1989 年正式通过了现行《环境保护法》，这是我国生态环境领域的综合性立法。由此开始，生态环境保护立法进入快速发展时期，单行立法大量出现，生态环境保护法律基础不断完善。党的十八大之后，生态环境保护立法进入了生态文明建设新阶段，以 2014 年修订的《环境保护法》为标志，我国既制定了《土壤污染防治法》等一批新的法律，同时也适时对《大气污染防治法》等诸多单行法进行了修订，针对具体环境要素、流域的法律、法规也逐渐增多。目前，我国已经形成了以《环境保护法》这一生态环境综合法为核心，以不同生态环境要素单行法为主体，流域性立法为补充的生态环境法律体系。不过，从协同执法的视角梳理这些立法可以发现，我国跨区域生态环境保护法律制度供给尚存不足，协同执法的法治基础并不坚实。

　　跨区域生态环境协同执法的前提是有法可依，即是说，法律需要对协同执法的相关问题进行规定，授予政府开展协同执法的权力。生态环境立法在起步阶段时，跨区域生态环境问题并不多见，这一阶段的法律对此基本没有规定，但随着跨区域生态环境问题的不断出现，协同执法需求日益增强，政府与社会均希望通过完善立法解决问题、回应需求。因此，生态环境保护立法进入发展阶段后，全国人大开始对社会需求进行回应。1989 年《环境保护法》第 15 条规定："跨行政区的环境污染和环境破坏的防治工作，由有关地方人民政府协商解决，或者由上级人民政府协调解决，作出决定。"随后，2014 年修订的《环境保护法》相关条款在此基础上进行了完善。此外，部分生态环境保护单行法也对各自要素的跨区域治理问题进行了规定。目前，针对跨区域生态环境保护的立法既有国家层面的统一立法，也有结合实际的地方性立法，这些立法包含了法律、法规、规章等多种法律渊源形式。

　　在国家立法层面，现行《环境保护法》区分了跨区域生态环境问题治理的国家责任和地方政府责任。国家建立重点地区、流域的联合防治协调机制，非重点地区的协调工作由上级政府或有关政府协调解决。根据该法，作为联合防治协调机制重要内容之一的协同执法具有合法性，各地政府的协同执法实践也获得了授权。《水污染防治法》第 28 条规定："国务院环境保护主管部门应当会同国务院水行政等部门和有关省、自治区、直辖市人民政府，建立重要江河、湖泊的流域水环境保护联合协调机制，实行统一规划、统一标准、统一监测、统一的防治措施。"《海洋环境保护法》赋予了省级政府建立海洋环境保护区域合作组织的权力。《大气污染防治法》则以专章规定了重点区域大气污染联合防治机制，内容比较充分，涉及了重点区域的划定、责任主体、环境影响评价、环境监测、信息共享等事宜。更为重要的是，该法第 92 条直接规定了省级政府可以组织联合执法、跨区域执法、交叉执法，这是对协同执法的直接授权。[1] 2020 年 12 月，全国人大公布了《长江保护法》，该法是首部针对某个流域生态环境保护制定的法律。该法规定，国家建立长江流域协调机制，国务院有关部门和省级政府负责具体落实工作，同时还规定，地方可以在地方性法规和政府规章制定、规划编制、监督执法等方面建立协作机制。[2]此外，国务院制定了《太湖流域管理条例》《淮河流域水污染防治暂行条例》两个行政法规。其中，《太湖流域管理条例》对环境监测的责任进行了划分，规定了国务院太湖流域管理机构、地方政府各环境保护主管部门、水行政主管部门具体负责的监测范围和事项。[3]《淮河流域水污染防治暂行条例》要求组建淮河流域水资源保护领导小组，领导小组有权组织环境保护主管部门、水行政主管部门等对淮河流域水污染防治工作进行检查，被检查单位须提供材料。[4]国家有关跨区域生态环境协同治理的立法经历了从无到有的过程，相关内容在生态环境综合法、单行法和流域法中均有规定。《环境保护法》的规定比较原则，授权也相对笼统，

---

〔1〕 参见《大气污染防治法》第五章。

〔2〕 参见《长江保护法》第 4 条至第 6 条。

〔3〕 参见《太湖流域管理条例》第 54 条。

〔4〕 参见《淮河流域水污染防治暂行条例》第 29 条。

并没有直接规定跨区域协同执法，但《大气污染防治法》对此进行了规定。在主体方面，《环境保护法》规定的协同责任主体为国家和地方政府，而各生态环境保护单行法将主体具体化为国务院生态环境保护主管部门和省级政府。在行为方面，立法规定了流域环境行政监测、行政检查的分工等内容。

在地方立法层面，与国家立法类型相同，关于跨区域生态环境协同治理的内容也散见于各地的生态环境综合立法、各生态环境要素立法和流域性立法当中。各地为落实《环境保护法》纷纷制定了生态环境保护条例，这些条例一方面采取了类似《环境保护法》的做法，规定了统一规划、统一标准、统一监测、统一防治措施"四统一"的跨区域协调机制，并且将协调机制具体化为定期协商、信息共享、应急联动、重大项目通报、科研合作、纠纷解决、生态补偿等具体的内容。[1]另一方面，许多地方的生态环境保护条例，如《四川省环境保护条例》《吉林省生态环境保护条例》将开展跨区域执法、联合执法、交叉执法作为协调机制的内容加以明确规定，从而使得协同执法的范围涵盖到所有的生态环境要素。值得注意的是，《广东省环境保护条例》第 15 条规定，省、地市级生态环境主管部门可以直接对属于下级部门管辖的跨区域污染案件进行执法。第 19 条规定，建立与行政区划适当分离的环境资源案件管辖制度，设立跨行政区划环境资源审判机构。这是地方立法中关于生态环境案件级别管辖、地区管辖体制的突破性规定，具有较强的示范意义。另外，各地针对具体生态环境要素的立法中也有协同执法的内容。如有关

---

〔1〕《河北省生态环境保护条例》《天津市生态环境保护条例》均在第六章，以基本相同的表达规定了京津冀生态环境协同保护的有关事项，具体包括污染防治联动协作机制、应急联动机制、横向生态保护补偿机制、科研合作机制、定期会商、联动执法、信息共享机制等内容。

水污染防治、大气污染防治的地方立法中，协同执法的内容更加充分，表现之一是以专章规定跨区域水污染、大气污染协同防治成了各地立法的主要体例。且地方立法对具体协同事项的规定也更加具体，如广东、广西、贵州、湖北、江苏等地的水污染防治立法规定了跨界流域的交界断面水质考核制度，要求省级政府制定交接断面水质标准，相邻地方政府负责实施，上级政府对下级政府进行考核。[1]正如本书第二章所述，京津冀、长三角各地的大气污染防治立法对协同执法的重要事项进行了具体规定。《安徽省大气污染防治条例》第31条要求在机动车排气污染、禁止秸秆露天焚烧方面开展区域联动执法，《河北省大气污染防治条例》第61条规定在实施产业转移的承接与合作时统筹考虑大气污染防治的协调。《江苏省大气污染防治条例》第75条规定生态环境行政主管部门在审批环境影响评价文件时应当征求相邻行政区域的生态环境行政主管部门的意见。《上海市大气污染防治条例》要求根据长三角区域大气污染防治需要，研究制定区域统一的货运汽车和长途客车更新淘汰标准，并采取车辆限行等措施，加快淘汰高污染车辆。同时，上海的条例不再泛泛地要求信息共享，而是列举了共享的具体信息类型。[2]地方立法内容具体充分的另一个表现是明确了跨区域协同的主体权限。例如，甘肃、海南、河北、重庆等地的水污染防治条例规定，跨区域的流域污染防治规划由省级生态环境保护主管部门会同其他相关部门制定，报省级人民政府审批，并报国务院备案。[3]

---

〔1〕 参见《广东省水污染防治条例》第56条，《广西壮族自治区水污染防治条例》第63条、第64条，《贵州省水污染防治条例》第64条，《湖北省水污染防治条例》第44条，《江苏省水污染防治条例》第71条。

〔2〕 参见《上海市大气污染防治条例》第67条、第72条。

〔3〕 参见《甘肃省水污染防治条例》第16条，《海南省水污染防治条例》第11条，《河北省水污染防治条例》第12条，《重庆市水污染防治条例》第12条。

相较于其他生态环境要素，江河湖泊等流域具备更为明显的跨区域特征，流域协同执法的需求也就更为迫切。因此，近几年各地以某个流域为规范对象的立法不断涌现，其中多有涉及协同执法的相关内容。与生态环境综合立法、各生态环境要素立法相比，流域性立法的主体不再局限于省级人大，如铜仁市、江门市、延安市、长沙市等地市级人大也制定了流域水环境保护或水污染防治的法规。同时，协同主体的范围也扩展至流域沿线的县级政府及其生态环境保护主管部门，并享有建立流域性协调机制、组织协同执法的权限。并且，流域性立法中协同事项的针对性也更强，如有的地方立法中专门对上下游政府部门的协同进行了规定。《湖北省汉江流域水环境保护条例》第56条规定，上游政府部门需要通过跨行政区控制性闸坝进行蓄水、泄洪、排涝时应提前通知下游有关部门。《黑龙江省松花江流域水污染防治条例》第25条规定，松花江河流上游的大型控制性水利工程应当兼顾下游水环境质量。第27条规定，上游地区环境保护行政主管部门在审批环境影响评价文件时应当征询下游地区环境保护行政主管部门的意见。第29条规定，上游地区发生污染事故或者污染物排放和水量、水质、水文等出现异常时，应当及时通知下游政府部门；下游地区发生水质恶化或者污染事故并确认是上游来水所致的，应当及时通知上游政府部门。

通过国家和地方层面的生态环境保护立法，我国整体上建立起了一个跨区域生态环境协同治理机制，以应对日益增多的跨区域生态环境治理的难题。这一协同治理机制以统一规划、统一标准、统一监测、统一防治措施为基本要求。从主体的角度观察，协同治理的组织决策者在国家层面是国务院生态环境保护主管部门，在地方层面主要是省级政府及其生态环境保护主管部门，地市级、县级政府及其部门承担了协同治理（包括协同执法）实施者的角色。从行为的角度观察，协同治理具体包括协同主体间的规划协调衔接、会议协商、项目互通、信息资源共享、应急联动、科研合作、纠纷共同解决、生态补偿以及协同执法等具体行为措施，其中协同执法构成了协同治理机制的重要组织部分。单就协同执法层面而言，当前的立法尚存在诸多问题，难以为协同执法实践提供坚实的法治基础，法律制度供给不足构成了现实中协同执法实践发展的障碍之一。

第一，协同执法规范的欠缺。《环境保护法》仅在第 20 条明确规定了跨区域生态环境联合防治协调机制，而且并未明定各地可以开展协同执法，虽然从法律解释上可以认为协同执法属于协调机制的一部分，但毕竟缺乏法律的直接授权。《大气污染防治法》等单行法明确规定了协同执法的有关内容，协同执法获得了明确授权，但授权范围仅限于大气等个别生态环境要素，而非整个生态环境领域。同时，法律规定可以开展的具体协同执法活动，如协同监测、检查，种类也十分有限。地方立法中有关协同治理的规定尽管在法条数量上有所增加，许多地方还以专章形式加以规定，规范内容具体化程度也有所增强，协同事项范围和协同执法行为种类有所扩展，但是直接规定协同执法的条款并不多。由于流域性立法的对象十分具体，其应当最有条件对协同执法的具体内容进行规定，但立法中的相关内容也难言全面。协同执法关涉诸多法理问题，执法的主体、条件、权限、范围、程序、责任等实体和程序问题都需要在法律制度上予以明确。而目前立法内容的欠缺，尤其是国家层面立法的欠缺使得协同执法的具体措施面临着合法性不足的问题。如根据河北、天津两地的环境保护条例，[1]双方可以开展联合

---

〔1〕 参见《河北省生态环境保护条例》第 64 条，《天津市生态环境保护条例》第 67 条。

执法，但联合执法的具体形式为何？彼此的生态环境保护主管部门能否跨域省级行政区域进行交叉执法？联合执法启动条件为何？对方若不配合如何处理？诸如此类问题由于缺乏明确规定在实践中往往会遭遇困惑。另外，在已有的协同执法条款中，立法侧重于对纵向协同主体间关系的规范，如《环境保护法》和各地的环境保护条例大都规定，各地就跨区域协同事项协商不成时，上级政府有权作出决定。在立法确定的协同职权分工中，省级政府通常承担决策者、组织者的角色，地市级、县级政府则是实施者、执行者的角色。但是，跨区域生态环境协同执法问题的重点不应当是主体间的纵向关系，因为前者即便缺乏法律规定，依靠上下级间的行政组织内部法律关系即可解决，因而问题的重点应是横向协同主体间的关系。立法需要对不同区域生态环境保护主管部门的权利义务加以明确，然而目前的立法对此较少涉及，或者仅仅规定各地生态环境保护主管部门举行联席会议，进行协调沟通等内容，缺少更加实质性的条款。需要强调的是，法律责任是法律规定的实体和程序规范得以落实的保障，如果缺少了法律责任内容，即便立法规定了政府进行协同执法的职能职责、程序方法，这些条款也很可能停留于文本之上而无法迈入实践，因为各地方主体怠于协同并不需要承担相应的法律后果。目前的生态环境保护立法中，法律责任部分主要规定的是相对人的违法责任，也有的立法规定了政府官员怠于行使职权或滥用职权的责任，但并未将不履行协同执法职责作为怠于行使职权或滥用职权的情形之一。在这种情况下，当一方生态环境保护主管部门要求相邻另一方开展协同执法时，如果缺乏合作激励因素，对方的生态环境保护主管部门很可能不予配合，而这种消极态度也不会受到来自法律强制性的压力。于是，请求一方只能请求上级乃至国家运用行政手段促成协同局面的形成，从而让本应体现平等、契约的协同执法关系变成了与区域内执法相同的科层关系。

第二，协同执法条文的同质化。此点主要针对地方立法中有关协同执法的内容而言。尽管《立法法》要求地方立法应当避免对国家立法进行重复性规定，"制定地方性法规，对上位法已经明确规定的内容，一般不作重复性规定"。[1]但许多地方的生态环境保护条例、水污染防治条例、大气污染防治条例中的协同治理相关条文基本照搬了上位法的内容。横向比较来看，法条同质化的现象也比较明显。如《河北省生态环境保护条例》和《天津市生态环境保护条例》均在第六章规定了协同治理的有关内容，且法条数量一样，文字表达也基本相同。地方立法同质化的原因是我国的单一制政体下，地方立法权来自国家宪法法律的授权。"在立法权上，地方享有的有限的立法权来自中央立法的规定，甚至可以说是直接来自中央立法权的'让渡'或'授予'。"[2]由于地方机关的权力来自国家宪法法律的授权，在未获得明确授权之前，地方始终存在权力合法性的疑虑，特别是跨区域协同执法突破了法律对级别管辖、地域管辖的规定，这种疑虑就更有可能发生。因此，即便《立法法》规定了省级人大可以根据具体情况和实际需要进行立法，设区的市的人大也可以对环境保护方面的事项制定地方性法规，各地也选择了较为稳妥的同质化策略以避免可能出现的合法性问题。这些同质化条款往往比较原则、抽象，如只规定地方政府生态环境保护主管部门有权组织协同执法，至于如何组织、主体为何等具体内容则付之阙如。也有的条款是将不同区域政府间已经

---

〔1〕 参见《立法法》第73条。

〔2〕 封丽霞：《中央与地方立法关系法治化研究》，北京大学出版社2008年版，第389页。

取得共识的有关协同执法的政策文件、合作协议规定在地方性法规当中，如前述天津、河北的生态环境保护条例第六章内容即属京津冀协同治理政策文件的内容。同质化的条款可以避免协同执法过程中因法律规定不一致而发生的冲突和纠纷，但同质化的条款过于抽象，规定缺乏可操作性，难以有效指导执法实践。

第三，协同执法内容的冲突。由于《立法法》设置了地方立法备案审查制度，法律与地方性法规、规章相互抵触、冲突的问题得到了很大缓解。在生态环境保护立法有明确规定的前提下，以法律、地方性立法为依据的区域内执法机制应当是较为顺畅的。但是，当各地主管部门需要进行协同执法时，立法内容的冲突现象，以及由此造成的协同执法困境就会凸显出来。这种冲突可以表现为协同主体的不一致，如省级地方性法规基本上将组织协同执法的权力赋予了省级政府，但有的省，如广东省规定了地市级政府也可以组织协同执法。[1]其他省的地级市与广东省的地级市开展协同执法时就会面临法律规定不一致的问题。《河北省生态环境保护条例》在法律责任部分只规定了生态环境保护主管部门有权对违法行为进行处罚，但没有具体指明是由哪一级政府的生态环境保护主管部门进行处罚，其他地方的立法大都根据部门的不同级别赋予了不同的处罚权，这样的规定也会带来协同主体方面的困惑。除纵向协同主体立法的不一致外，横向主体立法的冲突问题也存在，针对同一个违法行为，各地立法可能规定了不同的执法主体，此种情况下，跨区域协同执法就有可能无法实现。另外，各地立法内容的冲突还表现在具体执法行为上，较为典型的是行政处罚，对同一

---

〔1〕 参见《广东省环境保护条例》第 7 条。

个违法行为，各地立法规定的处罚并不一致。根据《浙江省大气污染防治条例》第 18 条，排污单位应当如实公开排污信息，接受社会监督，违反该义务的，由生态环境主管部门责令改正；拒不改正的，处 2 万元以上 20 万元以下罚款。但同样违反公开义务的行为，江苏省的处罚则是生态环境行政主管部门责令限期改正，处 2 万元以上 20 万元以下罚款。[1]前者规定首先责令改正，拒不改正再处以罚款，而后者责令改正的同时并处罚款，罚款的数额也不少于前者。类似这样的实例在各地立法的法律责任部分多有体现。另外，协同执法的前提是执法标准的一致性，统一标准也是《环境保护法》规定的"四统一"内容之一，但是各地立法规定的生态环境标准，如环境质量标准、排污标准、监测标准等往往存在差异。以京津冀三地的水污染防治条例为例，对国家水环境质量标准和水污染物排放标准中已作规定的项目，天津市可以制定严于国家标准的地方标准，河北省也有相同规定，并且要求排放水污染物的，其污染物排放浓度应当符合严于国家标准的本市地方标准。北京市目前尚无相关规定。[2]而且，生态环境保护各项标准的具体要求大都规定于地方政府规章，甚至是政府或生态环境保护主管部门的规范性文件之中，这些规章或规范性文件基本上是部门意志、最多是区域内政府意志的体现，其在制定过程中考虑更多的是本地区的实际情况，因此，不同区域规定的执法标准的冲突难以避免。执法标准是执法得以实施的先决条件，对一个排污企业进行处罚的前提是其排污超过了法定标准。如果要进行协同执

---

〔1〕 参见《浙江省大气污染防治条例》第 59 条，《江苏省大气污染防治条例》第 81 条。

〔2〕 参见《天津市大气污染防治条例》第 12 条，《河北省水污染防治条例》第 10 条。

法，这个标准如何确定？是依据企业所在地的标准，还是执法实际实施者的标准？这些在协同执法过程中都会成为问题，执法标准的冲突无疑加剧了跨区域生态环境协同执法的困难程度。为保护云南、四川两省交界的泸沽湖，云南省的丽江市、宁蒗彝族自治县和四川省的凉山彝族自治州都进行了地方立法，但这些立法中规定的保护标准并不一致。丽江市、宁蒗彝族自治县规定泸沽湖水域的水质按国家《地面水环境质量标准》中的Ⅰ类标准进行保护，而凉山彝族自治州是按照Ⅱ类标准进行保护。相较于前面两个问题，立法中有关协同执法内容的冲突给实践造成的障碍更加直接和明显。

应当说，我国生态环境保护立法中有关跨区域协同执法方面的上述问题与我国当前的立法体制不无关系。

一方面，就生态环境保护事项，我国存在中央立法与地方立法两套立法体系，二者之间可能存在冲突，为此，《立法法》规定了不同类型立法的效力等级。国家层面的法律、行政法规效力高于地方层面的地方性法规、地方政府规章，同时，部门规章与地方性法规、地方政府规章发生冲突时，全国人大、国务院有裁决权。国家可就全国性的生态环境保护事项进行立法，省级人大可进行执行性立法，或就本地区事务，在未有国家立法的前提下制定法规，设区的市的人大则仅在城乡建设与管理、环境保护、历史文化保护等方面进行立法，地方政府规章的权限就更小。并且，中央立法在法律效力、权限上要高于地方立法，地方立法还会因违背、抵触上位法被变更或者撤销，中央在与地方之间的立法关系中占据优势。

跨区域生态环境协同执法具有全国共通性的一面，中央拥有最广泛的立法权，当然可以进行全国性的立法，但具体的协同执法事宜具有较强的地方性色彩，中央的统一立法只能如当前的情况，进行原则性规定，即使其试图细化立法内容也会遭遇不符合地方实践的问题。地方立法理应在协同执法问题上承担关键角色。但地方立法的限制过多，权力较小，立法者为避免立法被变更或撤销，以及由此引发的政治责任，当需要对协同执法问题进行法律规制时，地方往往会等待中央立法，随后再进行相应的执行性立法，或者进行与中央立法相同的重复性规定。于是，地方立法中有关协同执法事项的内容不足、同质、冲突等问题就会出现。

另一方面，生态环境问题的出现源于人们不合理的开发利用行为，生态环境保护立法不但要规范生态破坏和环境污染行为，还要规范开发和利用行为，但二者规范的目的不同，前者侧重惩罚，后者侧重管理。因此，我国会对某些生态环境要素的开发利用、污染防治分开进行立法。较为典型的是水资源立法，我国既有《水法》，又有《水污染防治法》，前者的目的在于规范水资源开发、利用、节约、保护行为，主管部门是水行政主管部门；后者的目的则是水污染防治，主管部门是生态环境保护主管部门。分开立法的问题之一是法律责任的竞合问题。行为人对利用水资源的行为有可能恰恰就是污染水资源的行为，因而其同时违反了《水法》和《水污染防治法》，出现了法律责任的竞合，此时即会出现执法权的冲突问题。为此，我国近几年将水资源的开发利用、污染防治事项合并，进行了综合性立法的探索。例如，国家制定了《长江保护法》，各地也进行了流域性立法，建立了流域管理机构。但是，分开立法仍然是主要的样态，原来的问题并未完全解决，反而又出现了流域管理机构与水行政主管部门、生态环境保护主管部门权限冲突的新问题。分开立法的另一层含义是指在跨区域生态环境治理上，各区域自己立法，而不是协同立法。各地分开立法的结果是立法过程基于区域内政府及部门的利益，考虑本地的经济社会环境状况，忽视了生态环境治理的整体需求，而且，各地立法主要关注其在本地区部门实施的有效性，不太可能考虑不同区域协同执法的需要。A 省规定对某个污染行为罚款 10 万元符合该省的实际情况，但在相邻的 B 省罚款 20 万元才能起到威慑效果，本来在各自区域内合理的两个条款在协同执法时就会成为问题，表现为法律冲突的困境。因此，在需要协同执法的问题上，适度改变分开立法的体制，采取必要的协同立法方式应当是解决协同执法面临的法律制度供给挑战的有效举措。

事实上，在跨区域生态环境治理领域内，我国目前已经进行了一些协同执法方面的探索。2006 年 7 月，黑龙江、吉林、辽宁签署《东北三省政府立法协作框架协议》，开创了协同立法的先河。根据该框架协议，三省根据不同的事项采取三种协同立法方式：一是紧密型协同，针对政府、社会关注度较高的事项，成立联合工作组进行立法；二是半紧密型协同，针对属于三省共性的立法事项，采取一省牵头组织立法，两省积极配合的方式；三是分散型协同，对于三省有共识的其他项目，由各省独立立法，而结果三省共享。2017 年 3 月，《京津冀人大立法项目协同办法》获得北京、天津、河北三地人大常委会一致通过。该办法共有 17 条，规定了三地协同立法的宗旨、适用范围、协同原则、协同内容、协同项目、协同方式等事项，以该办法的出台为标志，京津冀协同立法机制得以建立。根据该办法，生态环境协同治理（包括联合执法）系协同立法的重点事项。三地协同立法的方式包括一方起草，其他两方密切配合；联合起草，协同修改；三方商定基本原则，分别起草三种。三方可以同步调研、同步论证、同步修改，对涉及的难点、重点、焦点问题进行联合攻关。这一办法公布后，京津冀在制定大气污染防治、水污染防治条例时相互征求了意见，进行了必要的协同。

目前的协同立法探索具有一定的示范效应，但并未改变分开立法的体制，各地人大、政府立法权的范围、所立法规、规章的范围仍然是本行政区内，不可能存在不同区域的立法机关共同制定一部地方性法规或规章，或者某一地方性立法效力超越行政区划而作用于整个区域的现象。协同立法中的"协同"基本表现在互通信息、沟通交流、征求意见等程序性措施上，更加深入的诸如协同执法如何开展，责任如何追究等实质问题还未取得突破。正如有论者所言，"目前的区域环境立法仍是在属地管理的框架内进行的，名为协同立法，实为立法程序上的协调"。[1]因此，如何针对跨区域生态环境协同执法进行区域协同立法，需要各地的进一步探索。

（二）管理体制的条块分割

跨区域生态环境协同执法的构造需以当前生态环境管理体制为制度背景，而生态环境管理体制是一种政府与生态环境保护主管部门之间的法律关系，学界将其形象地称为"条块关系"。"条"指的是政府中职能或业务相同的主管生态环境事务的职能部门，不同层级的职能部门形成的是"条条"关系，而"块"则是指职能部门所属的政府，不同层级的政府形成的是"块块"关系，"条"与"块"之间错综复杂的关系即构成了我国生态环境管理体制的现实面貌。"条块关系是一个多层次、多角度的体系。政治权力横向上的职责分工与纵向上的层次分工相交织，形成了一个立体交叉的权力结构网络。"[2]倘若以生态

〔1〕 曾娜："从协调到协同：区域环境治理联合防治协调机制的实践路径"，载《西部法学评论》2020年第2期，第60页。

〔2〕 周振超：《当代中国政府"条块关系"研究》，天津人民出版社2009年版，第45页。

环境保护主管部门为轴心，当前的条块关系具体包含了上级政府与下级生态环境保护主管部门的关系、上级生态环境保护主管部门与下级政府的关系、上下级生态环境保护主管部门的关系、同级政府和生态环境保护主管部门的关系、同级生态环境保护主管部门与其他主管部门的关系这几种情形。正是这些不同情形下条块之间的矛盾构成协同执法阻隔因素之一。

　　根据《地方组织法》，生态环境保护主管部门受本级政府领导，受上级生态环境保护主管部门的领导或指导，[1]因此，上级政府与下级生态环境保护主管部门之间并不存在法律上直接的领导或指导关系，但前者对后者具有事实上的领导权，上级政府如果命令下级生态环境保护主管部门进行协同执法，下级部门无法拒绝或者对抗。只不过，上级政府的领导权通常会借由两种法定方式实现，一种方式是通过同级的生态环境保护主管部门向下级对口部门提出要求，或者是通过下级政府向其生态环境保护主管部门提出要求，这是一种间接行使权力的方式。另一种方式是根据《环境保护法》等相关法律赋予的权限，上级政府直接召开协同执法相关的会议，就具体的事务进行磋商，要求本行政区内的生态环境保护主管部门参加，在会议上直接发出命令、进行决策。这是一种更为直接的方式，省去了中间的环节，效果也更加明显，因此现实中多以此形式进行跨区域生态协同环境执法。上级政府在行政级别上高于下级主管部门，并且拥有法定的组织协同权限，块与条之间不存在法律上的冲突，理论上，如果上级政府要求辖区内各主管部门进行协同执法并不存在障碍。然而，由于上级政府管理的事项不仅仅是生态环境保护事务，还包括了同样重要的社会、经济、政治等诸种事

---

〔1〕　参见《地方组织法》第 66 条。

项，其在专业性上不如下级的主管部门，协同执法的方式方法等信息需要由下级主管部门提供。"由于下级环保部门拥有更多的地方性信息和技术处理能力，在环境政策执行上普遍存在着'讨价还价'式的博弈关系并具有更大的谈判优势地位。"[1]虽然上级政府在协同执法方面具有管理权和决策权，但下级主管部门具有专业优势和信息优势，如果后者不主动提出协同执法的要求，并提供相关的信息和专业支持，即便上级政府要求进行协同执法，协同执法的效果也很可能不尽如人意。

通常情况下，上级生态环境保护主管部门与下级政府之间具有相同的行政级别，如某省政府的生态环境厅与该省下辖的某个设区的市政府都是厅局级。二者之间并无领导和被领导的关系，或者业务上的指导和被指导关系，因此，二者之间协同执法关系的形成需要双方基于一致意见的合作，而不是直接的行政命令，如果二者无法取得共识，协同执法的条块矛盾就会出现。当然，如果下级政府不予合作，上级生态环境保护主管部门具有对下级对口部门的业务指导权或领导权，其可以以指导或领导业务的名义要求下级生态环境保护主管部门进行协同执法。但这种迂回的方式仍然无法消除条块矛盾，因为上级生态环境保护主管部门缺乏制约下级政府的有效方式。以省级政府为例，根据我国的生态环境保护立法，省政府的生态环境保护主管部门代表省政府行使生态环境管理权，而县级以上政府被规定为所辖区域生态环境事务的责任主体，省生态环境保护主管部门理应配备一定的监督手段，以促进县级政府履行责任。但是，《地方组织法》和相关生态环境保护立法都没有明确规定二者之间的关系，也未赋予上级主管部门较为有效的监督

---

〔1〕 陈海嵩："中国环境法治的体制性障碍及治理路径——基于中央环保督察的分析"，载《法律科学（西北政法大学学报）》2019年第4期，第151~152页。

手段，如果下级政府不予合作，上级主管部门无法进行有效的制约。

　　上级生态环境保护主管部门有权在业务上对下级生态环境保护主管部门进行领导或指导，二者都属于生态环境保护职能部门，具有利益上的一致性，因此它们进行协同执法的困难不在于利益目标的互斥，而在于权责结构的不合理。当需要进行协同执法时，上级主管部门会将执法目标、任务进行细化，并分配给下级主管部门由其具体实施，上级主管部门就完成情况进行考核，下级主管部门是协同执法责任的主要承担者。但现阶段生态环境执法资源的配置与责任并不相符，大量资源集中于上级主管部门，实际承担协同执法职责的下级主管部门无论是在人员、财政，还是在技术、设备方面都缺乏有力的保障。在权责失衡的局面下，下级生态环境保护主管部门参与协同执法没有必要的物质保障，而且需要承担执法不力的法律责任，因此，下级主管部门缺乏协同执法的积极性就不难理解了。另外，上下级生态环境保护主管部门存在"职责同构"的问题，所谓"职责同构"，系指上下级生态环境保护主管部门的机构设置、职权职责方面具有一致性，除行政级别和管辖空间不同外，它们具有基本相同的管理权限、管理对象、管理责任。省级、设区的市级、县级生态环境保护主管部门均设置有执法队伍，都可以行使处罚、强制、检查等执法权，承担相同的法律责任。职责同构的设置方式有利于上级部门对下级部门的控制，防止下级部门的过度分散，"一对一"对口的同质性机构和职权也能很好地与上级衔接，有效地贯彻上级的政策和工作要求。但是，职责同构的设置并不利于协同执法的开展。在协同执法问题上，上级部门对下级部门具有主导权，甚至决定权，下级部门要想开展协同执法通常需要获得上级部门的同意。两个行政区的生态环境保护主管部门之间进行联合执法就需要向地级市或省生态环境保护主管部门汇报。如果采取建立流域执法机构等改变机构建制、职能职权的协同方式，则更是需要获得上级，乃至中央的授权，而能否获得上级的同意不得而知。此种情况下，下级生态环境保护主管部门往往就不会去主动寻求协同路径，探索合作方式，尽管其具有协同的权限、机构和人员。当跨区域生态环境问题较为严重，引起了中央或上级部门的重视，它们要求进行协同执法时，下级部门才会参与进来。

　　地方的生态环境保护主管部门除受上级对口部门的领导外，还是本级政府的工作部门，需接受本级政府的领导，完成其交付的行政任务，上级主管部门和同级政府形成了对地方生态环境保护主管部门的"双重领导"，这种"双重领导"成了条块关系中最为主要的矛盾点。一方面，基于纵向府际专业分工要求，下级生态环境保护主管部门要完成上级部门安排的包括协同执法在内的各项生态环境保护任务，开展协同执法需要必要的软硬件设施、人员、经费支持，上级部门往往无法提供，并且也没有义务提供。另一方面，下级生态环境保护主管部门又属于地方政府横向管理的一个水平组成部分，本级政府不但可以领导主管部门，而且掌握了部门运作所需要的人员编制、财政投入、物质保障等资源。地方政府面临着政治稳定、社会福利、经济发展、环境保护、科教文卫等各个方面的工作任务，需要完成不同的绩效目标，这些工作都需要花费巨大的人力财力物力，在经费紧张和政绩考核的双重压力下，生态环境保护工作由于花费较大、近期收益有限等原因要想成为政府工作的优先选项着实不易。何况，协同执法所要解决的生态环境问题是跨区域的公共事务，不属于自己的属地管辖范围，地方政府更加缺少动力。"从组织结构角度看，我国行政执法体制是'条条'推进、以条为主的执法体制。"〔1〕现实中,当跨区域生态环境危机出现,上级生态环境保护主管部门意识到问题的严重性,会要求下级主管部门与其他区域的主管部门合作,尽快实施协同执法以化解危机,这既是其职责范围内的事务,也是部门考核和政治责任的内容。但下级主管部门协同执法的意愿可能受到来自所属政府的干预,另一个行政区的生态环境保护主管部门也会面临同样的问题。于是,在"双重领导"拉扯下的生态环境保护主管部门会陷入左右为难的境地,为了实现协同执法,生态环境保护主管部门必须与政府不断沟通协调,首先争取使协同执法进入政府的议事日程,之后再获得政府的同意,取得行政支持和物质保障。本级政府同意之后才能展开与另一方协同执法主体的磋商,而另一方主体很可能需要经历同样的流程。"双重领导"体制让生态环境保护主管部门把精力和时间耗费在争取政策和物质支持上,这无疑极大影响了协同执法的效率,造成了协同困局的出现。

本书在第一章将我国目前的生态环境执法体制概括为"分散型执法"样态,执法权之所以分散是因为执法权属于生态环境管理权的一部分,而在"条块分割"的体制下,管理权本身即呈现一种分散样态。现阶段,我国生态环境保护事务的管理权被分散在不同的职能部门,生态环境保护主管部门承担了主要管理职责,是统一管理部门,其他的林业、水利、海洋、自然资源等部门在各自职权范围内承担管理职责,是专业管理部门,生态环境保护主管部门与其他职能部门形成了一种统一管理与分工管理的关系。不同的"条"将整体的生态环境分割成了多个部分,这些部分之间并非泾渭分明,条与条之间时常发

---

〔1〕 赖先进:"行政执法中跨部门协同存在的问题及其改进",载《福建行政学院学报》2018 年第 6 期,第 31 页。

生矛盾，表现为各部门管理权的重叠、模糊、冲突、空白等。条与条之间的矛盾加大了跨区域生态环境协同执法的难度，协同执法虽然需要跨越不同的行政区域，如果涉及的仅仅是两个生态环境保护主管部门，它们之间的协同实现起来较为容易，但同一项管理权，在不同的行政区域，可能一方属于生态环境保护主管部门，另一方属于水利部门，两个部门的性质、职能、利益都存在差异，它们之间实现协同则更加困难。这还只是涉及不同区域的两个部门，倘若遇到重大的生态环境问题，或者像奥运会之类的重大事件，协同执法就要涉及多个部门，在多重矛盾之下，合作局面形成的难度会进一步加强。

在"条"与"块"构造的相互分割却又纠缠不清的权力结构中，跨区域生态环境协同执法所要突破的不仅仅是行政区域的地理空间，更是错综复杂的横向、纵向的府际壁垒。生态环境保护主管部门 A 要想和生态环境保护主管部门 B 建立协同执法，就需要层层上报至有决定权的上级政府或者对口部门 C，C 同意后再逐级下达至 B，中间出现任何一个有权机关的否定意见，协同就无法实现。"在遇到一些需要快速办理的事情时，为提高效率，需要跳过原有的管理路径，在平行的两者之间建立直接联系的渠道。"[1]我国目前正在推进生态环境执法的垂直监管体制改革与综合执法改革，这是对条块分割管理体制的超越，能够在很大程度上消除协同执法的体制障碍，但这两项改革并未根本改变条块分割的管理制度，从协同执法的角度看，当前的举措尚存在诸多可以提升之处。

（三）集体行动的囚徒困境

在经济学上，跨区域生态环境协同执法可以看成是一种不

---

〔1〕〔法〕亨利·法约尔:《工业管理与一般管理》，迟力耕、张璇译，机械工业出版社 2007 年版，第 223 页。

同区域内的政府组织，针对共同的生态环境问题而进行的集体行动。理想的状态是，面对共同的生态环境问题，各地的政府部门能够基于理性认识，达成合作共识，建立协同机制，开展协同执法，有效化解难题，最终取得整体性的生态环境利益。然而，现实中的协同执法却并不尽如人意，协同主体基于自身利益和个体理性往往选择拒绝协同，主体间反复博弈的结果是一种集体非理性的"囚徒困境"局面。这种协同执法囚徒困境的出现离不开两方面的经济因素。

第一是协同主体的利益冲突。协同执法主体之间存在着复杂多元的利益，这些利益并不总是一致的，而是常常出现相互冲突的现象。这些利益冲突发生在协同执法所涉及的中央政府与地方政府、地方政府与生态环境保护主管部门、不同区域的地方政府（包括生态环境保护主管部门）等各个主体之间。协同执法的目的在于改善跨区域的生态环境质量。为了实现公共利益，中央政府作为公共利益的代表通过法律规定了地方政府实施协同执法的职责，并赋予其广泛的权力，但地方政府有着自身的特殊利益。长期以来，中央与地方关系呈现一种"压力型"体制，在这一体制之下，中央为了实现全国经济发展的速度与质量必然会对地方政府提出要求和目标，经济发展构成了地方政府最为主要的压力，因而也就成了地方努力追求的主要动力所在。在它们看来，经济高速度、高质量的发展不仅仅意味着地方财政收入的增加，更意味着唯有通过发展经济才能促进就业，提高收入水平，改善社会民生。比较而言，跨区域生态环境质量提升带来的收益远不及经济发展带来的好处。即便是在当下绿色 GDP 的政策引导下，这种视经济发展为最大利益的认识要想从根本上改变也绝非易事，原因就在于生态环境改善带来的利益是不确定的。生态环境利益的受益主体是抽象意义的"社会大众",不是具体的组织或个人,生态环境的自然特性决定了协同执法提升治理效果的显现也需要较长时间。经济发展的利益则是确定的,受益主体是可以统计的客观对象,发展效果也可以在短期内通过社会经济状况和收入水平的改善体现出来。这就不难理解,当中央要求解决跨区域生态环境问题时,为何有的地方政府会怠于协同,不予配合,出现所谓"地方保护"的问题。在公共利益与地方特定利益的冲突中,中央对地方的广泛授权不但没有成为促进协同执法的激励因素,反而成为借由权力谋求地方特定利益、逃避协同职责的工具,因为广泛的授权意味着地方政府在是否行使权力以及如何行使权力上具有较大的自由裁量余地。如果说中央与地方分别代表了生态环境公共利益和经济发展特定利益,那么在地方层面,这两种利益的代表则是生态环境保护主管部门和地方政府。基于法定的部门职能、责任分工,生态环境保护主管部门具有较强的协同执法意愿和动力,但这种意愿和动力很可能会遭遇其隶属政府的阻滞。地方政府会认为,协同执法挫伤了本地企业的积极性,造成了企业的实际损失,进而会影响地方财政收入。而且,造成跨区域生态环境问题的企业可能是地方较大规模的企业,它们对地方经济发展贡献较大,构成了地方税收的重要来源,这些企业往往拥有较强的话语权,可以利用各种资源影响政府决策,从而形成对政府的"规制俘获"。[1]

更为麻烦的是,在同政府的博弈中,生态环境保护主管部

---

〔1〕 "规制俘获"是指规制者受到被规制者操纵与支配的一种经验性描述。规制俘获理论是在反思传统的规制理论基础上提出的,传统的规制理论认为,作为规制者的政府旨在实现社会公共福祉,并无私利的追求。规制俘获理论则认为,规制机构具有私利追求,利益集团会据此影响政府的规制政策,并形成对政府的控制与支配。参见余光辉、陈亮:"论我国环境执法机制的完善——从规制俘获的视角",载《法律科学(西北政法大学学报)》2010年第5期,第94页。

门处于完全的劣势，这一方面是源于上文中的条块管理关系，生态环境保护主管部门属于政府的职能部门，受政府领导；另一方面，法律把协同执法的组织权和决定权交给了政府，而非生态环境保护主管部门，而且在对企业实施责令停产停业、吊销营业执照等严格执法措施方面，政府具有审批权。因此，如果地方政府拒绝协同，生态环境保护主管部门既无法律上的理由，也无事实上的权力与其进行博弈。

协同主体间利益冲突的另一个体现是不同区域政府（包括生态环境保护主管部门）之间的冲突。倘若说中央政府与地方政府、生态环境保护主管部门与地方政府之间是生态环境利益和经济利益的冲突，那么不同区域政府之间则主要是经济利益之间的冲突，在这种冲突之中生态环境利益被忽视了。同时，由于跨区域生态环境治理的公共物品属性，协同执法还存在"搭便车"的问题。一个地区花费大量成本进行跨区域生态环境治理，其溢出效果能够惠及整个区域。河北省对大气污染企业执法取得的环境改善效果，北京市、天津市不需要支付相应的执法成本即可获得。于是，各地政府在协同执法问题上都希望相邻政府率先行动，积极作为，自己可以不劳而获、坐享其成。所以，面对不属于管辖范围内的协同执法事项，不同地方政府往往从自身经济利益出发，将实现本区域利益最大化为目标，在进行协同执法决策时选择拒绝，即便是同意参与协同执法，执法过程中也会尽量减少本地区在执法实施过程中的资源投入。如果各地政府试图在协同执法问题上"搭便车"，那么地方政府之间相互博弈的结果，一定是没有任何一个主体自愿参与协同执法过程，支付协同执法成本。

从整体上看，协同执法能够带来跨区域生态环境质量的改善，在根本上有利于各级、各地政府和部门的利益，不同主体集体理性的结果应该是选择参与协同执法，为跨区域生态环境治理作出努力。但正如奥尔森所言："即使一个大集团中的所有个人都是有理性的和寻求自我利益的，而且作为一个集团，他们采取行动实现他们共同的利益或目标后都能获益，他们仍然不会自愿地采取行动以实现共同的或集团的利益。"[1]多种利益冲突的存在使得不同主体，基于个体理性的决策通常是非理性的。他们不愿意为了公共利益而牺牲特殊利益。并且，除了这些复杂的利益冲突之外，代表公共利益、主张协同执法的主体还会面临政策持续性与稳定性的问题。雾霾、流域污染等跨区域生态环境问题的形成是长期的，需要开展持续性的执法，因而相应的治理政策应当具备稳定性，不能朝令夕改。特别是当协同执法影响到经济发展之时，政策的持续性和稳定性就至关重要，此时，协同执法参与者会担心决策者能否舍弃短期的经济利益，仍然继续坚持协同执法的相关政策。故此，如果缺乏强制性的制度约束，跨区域生态环境协同执法的动力机制就会严重不足，利益冲突和"搭便车"现象导致的只能是"集体行动的困境"。

第二是协同执法的交易成本。交易成本理论最早由科斯提出，以此作为分析企业在市场中各种行为的工具。随后，诺斯、威廉姆森、布坎南等学者将交易成本理论引入政治学领域，创立了"交易成本政治学"，用来分析包括府际合作在内的政府行为。根据"交易成本政治学"，政府主体的行为和市场主体的行为一样，都存在交易成本的问题。协同执法实际上是各个区域的政府部门为解决共同的生态环境问题而订立的合作契约，契约能否达成在很大程度上受制于协同执法实际过程中的交易成

---

〔1〕〔美〕曼瑟尔·奥尔森：《集体行动的逻辑》，陈郁、郭宇峰、李崇新译，格致出版社、上海三联书店、上海人民出版社 2014 年版，第 3 页。

本，如果交易成本过高，各个主体经过博弈的结果便会倾向于拒绝协同执法。"由于政治过程的核心是利益再分配，围绕这个过程就必然存在各利益集团相互之间的谈判，而谈判是有交易成本的。很多时候，高交易成本的存在导致政治市场无法实现其效。"[1]弗鲁博顿和芮切特认为，政府的行政事业需要承担搜寻和信息成本、决策制定的成本、发号施令的成本以及监督官员指令是否得以执行的成本。[2]威廉姆森则将政府合作的交易成本分为事前成本和事后成本，前者包括签约、谈判等成本，后者包括适应性、约束等成本。[3]借用威廉姆森的理论，协同执法的交易成本可以从事前、事中、事后三个阶段加以分析。

　　首先是事前的信息成本。在谈判之前，各主体需要获取有关协同执法的信息，尽量降低信息不对称带来的障碍。这些信息包括跨区域生态环境问题的情况、协同执法所需的费用、产生的收益，以及十分重要的，对方政府部门的可信度与意愿。如果对方不值得信任或者参与意愿不高，协同执法的好处再多，双方也基本不会达成合作意向。虽然协同主体各方通常在地理空间上相互毗邻，但它们在经济发达程度上有高低之分，因而搜索获取信息的能力和条件存在差别。当一方发现其获取信息的成本过高以致超过了协同执法带来的收益时，其就有可能不会合作。

　　其次是事中的谈判成本。合作契约的达成需要经历沟通协

---

〔1〕　周黎安："中国地方官员的晋升锦标赛模式研究"，载《经济研究》2007年第7期，第45页。

〔2〕　[美]埃里克·弗鲁博顿、[德]鲁道夫·芮切特：《新制度经济学：一个交易费用分析范式》，姜建强、罗长远译，上海三联书店、上海人民出版社2006年版，第254页。

〔3〕　[美]奥利弗·E.威廉姆森：《资本主义经济制度》，段毅才、王伟译，商务印书馆2004年版，第153页。

调、讨价还价、不断博弈的谈判过程，谈判参与者越多，谈判的次数就越多，时间就越长，成本也就越高。雾霾、流域污染可能需要多个地级市、县级的政府部门协同执法，但由它们进行分别谈判无疑是不切实际的，因此，降低谈判成本的一个方法是由省级政府部门负责谈判并建立协同执法机制。这就是为何很多立法都将建立协同执法机制的权限赋予省级政府的原因。现实中，京津冀、长三角地区建立的即为省级协同执法机制。不过，即便是省级政府部门的谈判也不是一蹴而就的，而是要经历多次会议的协商、沟通。影响谈判成本的另一个因素是协同主体间的资源依赖程度。资源是政府公共治理的基础，执法之所以需要协同，原因就在于单凭某个区域内政府的资源无法化解跨区域生态环境危机。"任何组织都不可能拥有和支配其生存发展所需要的全部资源，大量与组织生存相关的稀缺资源都存在于组织的外部环境或者说被其他组织所掌握，组织需要依赖于外部环境。"[1]协同主体之间存在两种不同程度的资源依赖关系：第一种是对称性依赖关系。就某个跨区域生态环境问题，谈判的主体掌握了大致相同规模和质量的资源，它们之间就是一种相互依赖的对称关系，通过协同执法可以同时提升彼此的治理绩效和能力。此时，各方就有较强的合作意向，借由协同执法机制进行资源整合，提升自身的治理业绩。即使协同执法过程存在一定的成本，各方也愿意承担。第二种是非对称性依赖关系。就某个跨区域生态环境问题，谈判一方主体掌握的资源要远多于另一方，或者质量远高于另一方，则资源劣势的一方就形成了对优势一方的高度依赖的非对称关系，因而其更加希望通过建立合作关系以借助对方资源弥补自身不足，同时也

---

〔1〕 张建林："纵向压力、资源依赖和交易成本：地方政府合作政策制定过程的一个分析框架"，载《广州大学学报（社会科学版）》2016年第5期，第45~46页。

可以以较小的执法成本获取较大的环境利益。此时，协同执法合作能否形成就取决于优势资源主体的意愿，由于其在协同执法中需要付出更多成本，如果其认为合作的收益不足以弥补损失，那么谈判很可能就会无果而终。

最后是事后的监督成本。各方经过谈判决定合作开展协同执法，协同过程中需要运用一定的监督手段以保证合作协议的履行，而监督是需要成本的，监督成本的多少也是决定协同主体间能否建立合作关系的重要因素。监督成本主要包括保证各方按照协议内容开展协同执法的成本，以及对违背协议的一方进行惩罚的成本，后者的作用尤其关键，倘若违反约定的一方得不到及时的惩罚，或者惩罚的费用太高，那么即使建立了协同执法关系，这种关系也是一次性的，无法形成常态化的协同执法机制。影响监督成本的因素主要有两个：一是是否具有明确的监督依据。有关协同执法的法律政策应当明确协同中各主体的权利义务、职能职责、费用分担，出现纠纷后的解决途径，以及对违约方的责任追究主体、责任追究方式等内容。如上文所述，我国协同执法的立法较为欠缺，许多条款过于模糊和原则，协同执法责任追究的内容更是尚付阙如，监督依据明确性的不足提升了监督成本，造成了监督障碍。二是是否具有实质的监督主体。监督需要贯穿于协同执法的整个过程，且需要对违约者产生实际的惩罚效果，这就要求承担监督责任的主体具有实质性的地位。需要设置常设性的，最好是专门性的监督主体，还应赋予其追究责任的实体性权限。我国各地立法规定的监督主体和权限都是局限于本地区、本部门内部的，协同执法的监督问题依赖于各地自己的探索和尝试。在当前的三种协同执法模式中，在督察执法模式下，督察组织本身即为监督主体，具备实质性的监督权；在专门机构执法模式下，因流域机构基本上设置于省级生态环境保护主管部门内部，对其监督由主管部门进行，二者的监督成本相对较低。但在合作执法模式下，由于协同组织是非常设、临时性的议事组织，缺乏实质性的监督权限，因而监督成本相对较高。

二、内部障碍：协同执法模式的不足

尽管面临着来自法律制度、管理体制、经济利益等方面的障碍，我国跨区域生态环境协同执法的实践探索依然取得了较为良好的效果，形成了合作执法、督察执法、专门机构执法三种典型的协同执法模式，本书已经在第二章对这三种模式进行了分析比较。应当指出，合作执法、督察执法、专门机构执法在化解不同类型的跨区域生态环境问题、改善整体区域生态环境质量方面发挥了积极的作用，但囿于当前的体制藩篱和多元的利益冲突，不同协同执法模式各有优劣，需要对其进行梳理和剖析，从而为协同执法模式的完善奠定基础。

（一）合作执法模式的障碍

跨区域生态环境协同执法与区域内执法的重要区别即在于主体间关系的平等性，各个主体以平等的身份制定执法政策，参与执法过程，在这三种模式中，合作执法模式最为契合协同执法的平等性特征。无论是京津冀的联动执法机制还是长三角的联合执法机制都是各地政府部门经过多次沟通交流、共同协商之后建立的。协商后公布的多份宣言、方案、协议等政策文件均体现了合作执法模式的平等性特点，是一种政府间的协商民主，在合作执法模式下，协同执法的重要问题均需要通过平等协商才能确定。相较于其他两种模式，合作执法模式的政策文件的数量更多，规定的事项也更加具体，对执法信息共享、执法资源融合、执法对象、执法方式、执法考核等内容都进行了规定。如果这些合作文件能够得到遵守，文件内容能够全面落实，合作执法模式可以以较低的成本在政府部门之间建立起信任关系，克服协同执法中集体行动的困境，从而有效化解跨区域生态环境问题。同时，合作执法模式下的协同组织（如京津冀环境执法联动工作领导小组、长三角区域大气污染防治协作小组和长三角区域水污染防治协作小组）是临时性、松散性的议事组织，没有建立专门化的实体机构，这些组织负有领导、协调等职责，并不参与实际执法，实际执法由各地区的部门开展。合作执法模式下不需要重新设立执法组织，因而从组织成本看，协同组织的运作成本就更具优势。

不过，合作执法模式的问题同样源于其平等性。合作文件签订的主体是地方政府及其部门，它们通常不会如民事合同一样规定违反文件的法律责任，文件执行主要依靠各主体的自愿性与积极主动性。理想情况下，协同执法各方能够按照合作文件的内容履行职责，但违反文件的情况并非不可能发生。在合作执法模式下，国家法律扮演的是授权者的角色，国家力量并不实质性介入协同执法过程，合作文件如何能够有效贯彻就成为协同过程中的一大难题。有学者对京津冀大气污染协同治理情况进行了考察，认为协同治理的效果并不显著。"京津冀及周边地区大气污染防治协作小组每年关于协同治污工作的部署推进以北京市作为牵头单位，周边六省市只要其中之一有异议、不同意，就无法实质性推进。也正因于此，京津冀及周边六省市间的大气污染防治，目前仅能实施联动执法，无法实现执法协同。"[1]并且，合作组织松散、非常设的特点也制约了协同执法机制的长效性。合作组织由于是领导议事组织，不具有执法

---

〔1〕　周悦丽："整体政府视角下的京津冀区域执法协同机制研究"，载《首都师范大学学报（社会科学版）》2017 年第 4 期，第 70 页。

权限，因此只能通过召开联席会议的方式确定短期内的执法任务，然后交由各地区的生态环境保护主管部门执行。"联席会议的召开属于短期会商，只是为三地交流互动提供了平台和机会。协商状态也不是长期存续，只是在联席会议召开期间存在。"[1]虽然长三角区域大气污染防治协作小组和长三角区域水污染防治协作小组制定了各自的章程，试图将协同执法机制常态化，但在缺乏实质性约束制度的前提下，其能否奏效需要进一步观察。在合作执法模式下，每次协同执法的启动都需要经过各方主体的共同协商，需要在执法对象、方式、时间等问题上取得共识，涉及的主体越多，取得共识的难度越大，加上缺乏外部强制力的推动，形成合作局面存在不小的难度。如本书第二章所示，虽然地方合作执法的实践探索早已出现，但形成合作执法模式却是晚近的事情，而合作执法模式之所以兴起，更多的是来自国家层面政治任务的推动，而非各地内部自我发展的结果。北京市举行的奥运会、APEC峰会，南京市举办的青年奥林匹克运动会、上海市举办的世博会、杭州市举办的G20峰会等重大事件构成了京津冀、长三角地区合作执法的直接动因。故此，现实中，合作执法模式不同于其余两种模式的特点之一是其"运动式"执法的特性。当重大事件发生，需要改善生态环境，协同执法成为必须完成的紧迫任务时，来自上级政府的压力就会成为推动合作的外在强制力从而打破常规的协商步骤、时间，在最短时间内促成协同执法局面的形成。运动式执法协同本质上依靠的仍然是科层制的力量，并不符合合作执法模式平等化的要求，所以需要建立内生型的合作保障机制，使协同执法不再仅仅依托主体的热情和外在的政治压力。

---

〔1〕 石晋昕、杨宏山："府际合作机制的可持续性探究：以京津冀区域大气污染防治为例"，载《改革》2019年第9期，第154页。

（二）督察执法模式的障碍

督察执法模式实质上是一种以纵向的政治压力解决横向的府际合作问题的方式。一般而言，跨区域生态环境问题的影响较大，后果较为严重，各级政府对问题的处理情况是中央督察和省级督察的重要内容。当地方政府不愿意合作时，督察小组可以进行专项督察，通过政治问责等外在压力施加影响，督察小组虽然不能代替各政府部门进行执法，但可以协调、督促合作局面的形成。另外，国务院生态环境部派出的区域督察局、省级生态环境保护主管部门设立的督察机构具有法定的执法权限，这些机构可以代替下级部门直接针对跨区域生态环境问题进行执法。督察执法模式构造了一种上级对下级的"强压力"，在压力之下，各地方会摆脱经济利益、交易成本、管理体制等障碍，搁置分歧，进行妥协，最终达成协同执法的共识。"在督查过程中，部门间的矛盾得以暂时性压制或者缓和。尤其是当部门间的矛盾影响到整体目标的实现时，这种调解显得尤为必要。"[1]虽然有的督察主体享有执法权，可以直接对相对人实施行政行为，但督察主体通常不会直接实施行政行为，而是指出地方政府执法中的具体问题，确定改进的目标。地方政府针对具体问题，根据目标设定任务，制订方案，开展生态环境协同执法，如此，协同执法的交易成本就会降低。在上级的政治压力之下，地方政府协同执法关系的稳定性大为增加，任何一方都不会轻易退出合作，在执法过程中也不会懈怠和敷衍。并且，督察小组虽然是临时性组织，但其有义务进行常态化的例行督察，而且国家和省级政府设置的生态环境保护主管部门是常设机构，可以随时行使职权。因此，督察执法模式能够形成持续性的压

---

〔1〕　陈家建："督查机制：科层运动化的实践渠道"，载《公共行政评论》2015年第2期，第167页。

力机制，从而保证协同执法的有效性。

当然，督察执法模式也存在一定的制约因素。一方面，督察执法作用的发挥需建立在督察主体充分掌握信息的基础上，但现实中督察主体获取信息的成本较高。一方面是因为督察主体通常并不直接处理案件，而是通过调阅资料、听取汇报、走访调研等形式获取信息，取证手段有限。而且，督察小组的成员除了生态环境保护主管部门的人员外，还有司法、监察、宣传、审计等多个部门的人员，他们是临时从其他部门抽调过来的，并非专业人员，不熟悉生态环境执法事务，在获取信息的有效性上存在缺陷。加上受到督察时间、对方配合程度等因素的限制，获取信息的难度会更大。另一方面，督察执法模式的法律基础较为薄弱。2015 年通过的《环境保护督察方案（试行）》是督察执法较早的规则基础，该方案虽然是由中共中央办公厅发文，但在性质上既不是法律、法规、规章，也不是党内法规，[1]只能算是党内规范性文件。2019 年，中央《工作规定》发布，这是首部生态环境保护领域的党内法规，多个地方随后制定了相应的实施办法，这些构成了督察执法的主要依据。《工作规定》和各地的实施办法虽然采取了党政联合发文的形式，提升了规范的效力级别，但其性质上仅是党内法规和行政规范性文件，不是法律、法规、规章，前者在明确性、严谨性、科学性、稳定性方面通常不如后者。

更为重要的是，较低位阶的规范难以处理督察执法中较高层次的问题，这些问题包括：第一，目前负责督察执法的组织有两类：一是依据《工作规定》和各地的实施办法成立的督察领导小组、督察小组，其对象、权限、方式较为明晰；二是国

---

〔1〕《中国共产党党内法规制定条例》第 5 条规定，党内法规的名称为党章、准则、条例、规定、办法、规则、细则，并不包括"方案"。

务院生态环境部设置的督察局，以及地方设立的相应部门，这些组织的建制缺乏明确规定。生态环境部的各督察局是该部的派出机构，地方政府则将承担督察职能的组织作为内设机构或派出机构，建制并不统一，具体的权限也不相同。缺乏明确性和统一性使得督察主体面临着合法性的问题。第二，督察执法更加侧重于"督政"，即对地方党委和政府及部门的督察，这实际上是对既有监督体制的超越。根据我国《环境保护法》和条块分割的管理体制，上级政府及其生态环境保护主管部门的监督对象是下级政府及其生态环境保护主管部门，并不包括下级党委，下级党委受上级党委的监督。因此，政府设置的督察机构能否以党委为对象就不无疑问。根据《工作规定》设立的督察小组，不属于党内常设的组织也不属于行政机关，那么其以党政机构、企业单位为督察对象的法律基础为何？并且，生态环境保护主管部门内部还有一套监察制度，生态环境部制定了《环境监察办法》，正如本书第一章所述，理论上环境监察的对象应当是生态环境保护主管部门，那么督察执法与生态环境监察的对象如何区分？后者是否还有存在的必要？这些问题关涉甚广，仅仅靠目前的规范和政策恐怕无法处理，需要更高级别的法律、法规加以规定。

（三）专门机构执法模式的障碍

专门机构模式是将分散于各个区域内政府和部门的执法权限进行整合，重新设立一个专门的执法机构，由其行使针对某个流域的生态环境执法权的模式。应当说，在目前的三种协同执法模式当中，流域机构模式是解决协同问题最为彻底的一种方案。设立一个具备行政主体资格，拥有完整执法权限的流域机构极大地降低了沟通协调的交易成本，虽然流域机构也可能会设有决策、执行、监督等部门，但一个机构内部之间的协调比跨区域政府机构之间的协调要容易得多。同时，原来困扰协同各方的法律依据不同，执法标准不统一等制度问题，以及为了自身利益而拒绝合作的"理性人"意识都在很大程度上得到了消解。目前，中央层面的流域机构设置于国务院的生态环境部，作为该部的派出机构，地方层面则是设置于省级政府的生态环境厅，不隶属于地市级、县市级政府且对下级生态环境保护主管部门有领导权。因此，流域机构能够有效突破地方保护和条块管理的桎梏，提升跨区域生态环境协同执法的协同性、有效性。

当然，专门机构模式并不具有普适性，其可以解决流域生态环境同执法的问题，但可能无法适用于大气污染、地下水污染等其他生态环境要素的协同执法问题。专门机构模式可以有效降低交易成本，但整合原有机构、重新设立机构的成本也很高。当前的地方流域机构主要是设在省级政府的生态环境保护主管部门，针对具体的流域进行执法，但问题在于，是否对省内的跨界流域都应当设置专门机构？有些流域只是跨越多个县级政府、地市级政府，这些政府是否有权设置流域机构？如果上述问题的答案是肯定的，那么专门机构模式的成本实际上很可能超过其所节省的交易成本，该模式的优势也就大打折扣了。而且，由于专门机构模式目前尚处于探索试点阶段，诸多法理和法律问题需进一步明确。首要的问题就是，流域机构是否具有执法权，能够实际承担执法职责？如前所述，目前实践中的做法不一，有的地方仅将流域机构作为组织协调机构，有的则赋予其执法权限。如果流域机构只是地方政府与其部门的交流平台，只负有协调职责，而缺乏实质性的执法权，那么流域机构就无法形成对地方的强制性，不能对个体谋利的行为形成阻滞，也就无法有效治理流域的生态环境问题。有学者对太湖流域管理局、淮河水利委员会进行考察后认为，"太湖流域管理局不是权力机构，除了从事一些具体的技术性工作以外，监控权、执行权十分有限。由于没有凌驾于相关四个省之上的行政权力，负责淮河流域治理的淮河水利委员会遇到省际矛盾时往往束手无策，不能发挥统揽淮河治理的全局作用"。[1]因此，从流域机构设立的意义上看，应当赋予其执法权，特别是行政处罚之类的强制性执法权限。并且，如果流域机构享有执法权，那么其区域内政府及其部门的执法权是否保留？从目前的改革实践来看，流域机构和区域内政府及其部门都有执法权，有的法律也肯定了此种做法。《长江保护法》第28条和第30条规定了流域管理机构享有采砂许可权和水量分配权，但地方政府及其部门也享有这两项权力，如此，流域机构与区域内机构的执法权难免存在重叠之处，实践中究竟由哪个主体来行使职权就会成为问题。并且，《长江保护法》只赋予流域机构上述两项权力，包括行政处罚在内的诸种权力还是归属于行政区域内的政府部门，可见立法者还是将行政区域内的政府部门视为主要的执法主体。在地方层面，各地的立法基本也采取相同做法，以县级以上政府和有关部门作为执法主体。如果不考虑立法的滞后性，流域执法权同时存在于两个主体的现象表明，流域机构并未实现对区域内机构执法权的完全整合。一方面，地方或许并不愿意将权力让与流域机构，因为地方可以借由执法权规制本地企业，调整产业布局，给本地方和部门带来利益。另一方面，法律法规赋予了地方政府和部门进行流域执法的职权职责，法律制度构成了地方拒绝让与执法权的合法性基础。于是，现实中呈现的局面就是政府内部既设有流域机构，又保留了原先

---

〔1〕　陶希东：《中国跨界区域管理：理论与实践探索》，上海社会科学院出版社2010年版，第143页。

的执法机构，出现机构重叠的情况。如生态环境部下有生态环境执法局，长江流域生态环境监督管理局又内设了执法应急处负责执法。许多地方也采取了与生态环境部类似的建制。另外，在机构改革的大背景下，水行政主管部门设置的流域机构与生态环境保护主管部门设置的流域机构的关系如何？是否应当整合也不无疑问。因此，流域机构模式作为一种新型的协同执法实践，难题之一就在于理清该机构与其他机构之间的法律关系。

总体上看，跨区域生态环境协同执法所面临的困境实际上是我国府际关系不畅的症结之一。在我国政府间的纵向关系和横向关系中，起主导作用的是纵向关系，即中央和地方、上级和下级的关系，纵向关系在很大程度上决定了横向关系的面貌。在应然意义上，不同区域的政府和部门可以自主决定是否建立协同执法机制，协同执法应是一种政府间的合作协议，但事实上，我国的协同执法实践体现出了较为明显的国家（上级）主导色彩。由于法律制度、管理体制、个体利益的障碍，完全由两个不同区域主体建立的协同执法关系并不常见。我国目前运行较为成功的协同执法事例要么是中央直接主导的结果，要么是获得中央的授权后，地方再进行探索的结果。这样一种鲜明的以纵向关系推动横向合作的协同实践根源于我国宪法所确立的单一制国家结构形式。

在单一制的形式之下，我国只有一部宪法、一个中央政府、一套法律体系。在中央政府和地方政府的关系中，中央政府占据绝对主导地位。宪法将整个国家划分为不同的行政区域，在行政区域内设置不同级别的政府。《地方组织法》规定了中央政府（国务院）与地方政府之间的领导与被领导关系，地方政府作为不同层级的代理人，受中央政府的委托实施管理行为。中央与地方这种委托代理关系的集中体现就是中央有权决定地方政府的建制与权限，地方政府只能在授权的范围内行使职权。以生态环境保护领域为例，中央通过制定《环境保护法》和各生态环境保护单行法的方式规定了地方政府和生态环境保护主管部门的管理范围、职能职权，而生态环境保护主管部门的人员配置、内部机构、具体权能则由机构编制部门审核的"三定方案"加以确定。地方政府和职能部门不得在缺乏法律授权或者超越法律授权的情况下行使权力，否则即会面临行为被撤销，甚至被追究责任的可能。

应当说，这种单一制的结构形式是适合我国国情的宪制构造，对于保持我国政治经济社会的发展方向、维护央地关系的和谐稳定起到了举足轻重的作用，因此这种结构形式早在 1954 年《宪法》中就已经被确定下来。从 1954 年《宪法》颁布到现在，虽然单一制的宪制根基和宪法文本内容没有变化，但央地关系的具体样态却被不断调整，特别是 20 世纪 90 年代的分税制改革，对我国纵向府际关系产生了深远影响。分税制改革之后，中央获得了财政收入的大部分，地方的财政收入较之前大为减少，为了增加财政收入，地方政府之间一方面彼此竞争以获得更多的财政转移支付，另一方面则着力发展地方经济，制定各项优惠政策，加大招商引资力度，扶持大量产业以充实地方财政。在发展过程中，即便是引进高污染、高耗能的产业，造成生态环境的破坏，有的地方政府为了增加财政收入往往也可能听之任之。"在现行'分灶吃饭'的财政体制下，地方政府的财政能力与其经济发展速度及项目建设有直接联系，以牺牲环境资源为代价换取经济增长和财政收入就会获得地方职能部门及公务人员的普遍支持。"[1] 由此可见，协同执法之所以会陷入

---

[1] 孙佑海："影响环境资源法实施的障碍研究"，载《现代法学》2007 年第 2 期，第 32～37 页。

"囚徒困境"，原因就在于，如果地方政府按照其他协同主体的要求，对本行政区域内的企业进行执法，会造成直接的财政收入减少，使得自身在与其他地区政府的竞争中处于劣势。再者，中央不但在财政权上占据主导地位，而且还决定了地方政府及其部门事权的配置。所谓事权，是指政府权力所及的公共事务范围以及具体的职能职权。通常而言，应当主要以公共事务所影响的范围，综合考虑信息优势、经济外部性等因素确定事权的配置。"根据公共服务的受益范围确定提供公共服务的辖区范围，不同级别的政府具有不同的比较优势，适合处理具有不同信息复杂程度的事务和提供不同类型的公共服务。"〔1〕就跨区域生态环境治理而言，地方政府更了解生态环境问题的影响范围、严重程度、产生的危害等有关信息，中央政府并不具备信息优势，因而由地方政府决定有关跨区域生态环境问题治理的事权配置较为适当。另外，生态环境治理的事权大致包含了决策权、执行权、监督权等具体权力，即便不能决定全部事权，至少可以决定执行性的权力事项。但现实情况是，中央政府不但决定了事权配置方案，而且可以对其进行调整、更改，地方只能被动接受，二者之间出现了错位，这种错位的制度表现就是前述法律规范的缺失与法律内容的冲突、同质。权力配置错位的结果就是："本应由中央或上级政府承担的事权和支出责任被配置给地方或下级政府，本应由地方政府承担的事权和支出责任中央不当干预。"〔2〕有些跨区域生态环境问题应当由中央解决，有些只需要地方政府开展协同执法即可解决，不需要中央政府的介

---

〔1〕 楼继伟：《中国政府间财政关系再思考》，中国财政经济出版社 2013 年版，第 145~151 页。

〔2〕 刘剑文、侯卓："事权划分法治化的中国路径"，载《中国社会科学》2017 年第 2 期，第 116 页。

入，但实际上情况有时却恰恰相反。

在单一制下，跨区域生态环境协同执法呈现出"中央主导—地方回应"的核心特征，其优点在于，如果中央主动介入协同执法，地方政府会积极回应，协同的局面就比较容易形成，跨区域的生态环境治理的绩效也会提升。中央的政策支持和有效协调是地方政府建立协同执法机制的重要动力。但中央介入的前提是生态环境问题的严重程度足以引发全国性或者准全国性的危险，或者引发全国性的社会关切，而大量的生态环境问题的危害是有限的，或者需要较长的时间才能产生大范围的影响，故此中央政府往往不会介入。如果地方政府自行建立协同执法机制以化解危机，其即会面临上述法律政策、管理体制的障碍。此时，地方政府就需要取得中央政府的政策支持和肯定，但争取中央支持需要沟通成本，而即使获得了中央的支持，协同执法也需要大量的资金投入，地方政府是否愿意与中央政府进行沟通，争取支持也不无疑问。在此种格局中，我国的跨区域生态环境协同执法机制更多的是一种问题出现并不断恶化后的事后和末端处理机制，协同执法机制无法在问题还未发生时起到前瞻性的预防作用，或者在问题虽然出现但并不严重时及时处理，防止危险的进一步扩大。因此，要找到将协同执法机制常态化，使之在跨区域生态环境治理的事前预防、事中处理、事后巩固的各个环节发挥作用的路径，就需要按照依法治国的基本要求，在宏观的法律制度构造、微观的具体模式完善方面寻求协同执法的法治化进路。

CHAPTER 05 第五章　跨区域生态环境协同执法的法治进路

　　跨区域生态环境协同执法是突破行政区域、部门职权约束，有效化解跨区域生态环境问题的有效方式，具备法理上的正当性与现实上的适当性。作为公共治理和区域行政的一种新生事物，协同执法机制的构造需要依循法治轨道，"只有将区域开发纳入制度的框架，才能避免在区域开发的决策和实施过程中的短期行为"。[1]协同执法机制应当按照区域法治[2]的基本原则和要求，在不断探索与实践中提升法治化水平。

----

　　〔1〕　文正邦："法治中国视阈下的区域法治研究论要"，载《东方法学》2014年第5期，第71页。

　　〔2〕　"区域法治"是学者提出的一个概念，用以概括依法治国战略落实在区域发展进程中的实践形式。区域法治是在一国主权管辖范围内，通过具有区域特征的法律治理而形成的具有良法秩序的治理模式，其构成了国家法治建设的重要内容，是满足区域经济社会发展需求、构建区域法治秩序、提升区域治理能力的实践活动。区域法治是由区域立法、区域司法、区域执法构成的综合性的法治系统。有学者进一步提出了"区域法治协同发展"的理念，即指为实现共同目标，建立区域性的法律规则以规范各主体的法律关系，从而实现区域性的协同治理。有关区域法治的相关论述，参见张文显："变革时代区域法治发展的基本共识"，载《法制现代化研究》2013年第0期，第27~29页；文正邦："法治中国视阈下的区域法治研究论要"，载《东方法学》2014年第5期，第69~75页；公丕祥："法治中国进程中的区域法治发展"，载《法学》2015年第1期，第3~11页；张丽艳："区域法治协同发展的复杂系统理论论证"，载《法学》2016年第1期，第97~105页。

一、恪守行政合法的基本要求

作为一种新的制度创新，跨区域生态环境协同执法在很大程度上突破了既有宪法和法律确立的法律规范架构，对目前公权力机关的设置方式、管辖范围、职能职权、法律责任等构成了挑战。尽管在当前的理论视野下，跨区域生态环境协同执法具备法理基础，符合法治要求，但不能认为协同执法可以完全脱离现行的法治秩序而创造一种新的政府运作方式。协同执法仍然需要坚持行政合法性原则，在法治轨道内运行，尤其是在当前协同执法的法律基础尚不完善的情况下，坚持行政合法性原则对于防止执法权滥用、维护公民权利更显重要。协同执法所秉持之行政合法性原则的具体指涉如下：

第一，协同执法的重要事项应由立法加以规范。当前，跨区域生态环境协同执法并未形成较为固定的模式，从中央到地方均处在不断改革探索的过程之中，各地的制度存在差异，采取的措施也具有较大的变数和不稳定性。目前，协同执法的直接合法性来源主要是各种党政规范性文件、合作协议。从重大改革都应当于法有据的角度而言，协同执法的重要事项应当由立法加以规范，以法律、法规、规章代替政策文件。需要说明的是，立法无需事无巨细地规定协同执法的所有事项，而是应当将协同执法的重要事项规定于法律法规之中，如执法的主体、权限、程序、责任、救济渠道等关键问题。此外，鉴于协同执法尚在改革探索进程中的现实，立法的时机应当是在改革成效较为明显、形成的经验具备一定的普遍适用性之后，并且可以采取地方立法先行的方式。借由立法而非政策文件来对协同执法的重要事项进行规范，一方面可以使得协同执法获得直接的法律授权，执法主体资格、法律地位得以明确，职能职责、法律责任的内容也会较为清晰。另一方面，通过立法可以形成主体间纵横有序、良性互动、权责明显的协同执法格局，法律的保障能够有效避免现实中法律制度供给不足造成的协同障碍，同时也可以保障协同主体根据法律法规行使执法权限，为执法对象提供合法的利益表达和权利救济途径。

第二，协同执法行为过程应尊重法律的权威性。"法治的一个重要含义，就是法律在最高的、终极的意义上具有规制和裁决人们行为的力量；法律或是公民行为的最终导向，或是司法活动的唯一准绳；不论是私人还是政府，都必须首先和主要受法律约束。"[1]法治国家、法治政府、法治社会是我国依法治国战略的重要内容，其中法治政府居于先导和示范地位。法治政府与人治政府的核心区别就在于前者以法律作为最终权威，而后者则以个人意志为最终权威。协同执法在本质上是一种政府公权力的行为，自然应当符合法治政府的基本要求，协同执法过程需要充分尊重法律的权威性，以法律作为协同执法行为的最终准则，法律的权威性应当贯穿于协同执法全过程。在制定协同执法政策时不能违反宪法法律的规定，由于协同执法的相关立法往往滞后于改革实践，政策的制定往往缺乏明确的法律依据，因而应当以宪法法律确立的基本原则和规制行政主体的一般性法律为依归，尤其是调整行政组织间关系、职权职责的法律规范，因为协同执法的核心问题即不同区域执法主体间的关系问题。在协同执法过程中，主体实施的执法行为也应当遵守法律规定的普遍要求。一方面，协同主体在实施处罚、强制、许可等行为时，应严格按照已经制定的法律法规进行；在行使自由裁量权时，应按照裁量基准，避免逾越裁量权、怠于行使

---

〔1〕 王人博、程燎原：《法治论》，广西师范大学出版社 2014 年版，第 175 页。

裁量权、裁量内容不合理等情形，将裁量权控制在合法范围内，既保持必要的裁量权，又不会偏离法治的轨道。另一方面，协同执法中实施的很多行为缺乏立法规范，此时就需要依循组织法、程序法确立的权限和程序进行执法，尤其是当协同主体实施强制性或管制性的执法行为时。这些执法行为需要限制相对人的某项权利或要求其履行某种义务，因而应当依据通常的行政程序，遵循公开、公正、公平的原则，借鉴已有相关立法规定类似行为规范展开。当然，在协同执法过后，对于执法主体在执法过程中的违法行为，应当根据法律法规追究相应的责任。

第三，协同执法主体建制应避免明显的违法性。除执法行为过程应尊重法律权威外，协同执法主体的建制也应恪守法治原则。协同执法主体的建制包括组织的重新设立，如建立流域执法组织实施协同执法。执法组织的新设不能违反《国务院组织法》《地方组织法》等组织性立法的规定私自进行，而是应当履行必要的审批和备案程序。[1]另外，有的协同执法模式，如合作执法模式，不需要重新设立组织，而是在既有的执法组织基础上，通过调整权限、授权、委托等方式进行执法。此时除应遵循《行政处罚法》《行政强制法》有关行政授权、委托的规定外，[2]还需做到以下两点：其一，不应违背法律的专门授权，倘若跨区域生态环境协同执法改变了法律的专门授权，其适法性就应当斟酌。这种专门授权通常是指法律授权某个行政主体专门针对某个生态环境问题享有全部执法权。如《长江保

---

〔1〕　根据《地方各级人民代表大会和地方各级人民政府组织法》第64条，省级政府工作部门的设立增加、减少或者合并由本级人民政府报请国务院批准，并报本级人民代表大会常务委员会备案，省级以下政府工作部门的设立、增加、减少或者合并，由本级人民政府报请上一级人民政府批准，并报本级人民代表大会常务委员会备案。

〔2〕　参见《行政处罚法》第19条、第20条，《行政强制法》第17条。

护法》第 5 条规定，国务院有关部门和长江流域省级人民政府负责落实国家长江流域协调机制的决策，按照职责分工负责长江保护相关工作。国务院和省级政府是长江流域协同执法的主体，省级以下政府即无权就长江流域建立协同执法机制。《海洋环境保护法》第 5 条规定了海事行政主管部门、渔业行政主管部门、军队环境保护部门各自的执法权。另外，根据《土壤污染防治法》，农业农村主管部门对农业投入品未及时回收或无害化处理而造成污染的行为具有执法权。此时，"主管部门"的含义已经确定化，并且《海洋环境保护法》《土壤污染防治法》与《行政处罚法》《行政强制法》之间构成了"特殊法与一般法"的关系，后者关于集中行使职权的规定便不再适用，政府不宜将全部或部分执法权分离给其他主体。其二，不应违法设定新的执法权。设定权力是权力从无到有的过程，设定新的执法权即创造新的执法权能，或将新的执法对象纳入执法范围之内。理论上，跨区域生态环境协同执法应当仅仅是原有主体法定行政职权的重组，且仅对法律已经规定的事项实施执法活动，不应另外创设新的权限或者对象。但由于改革本身的探索性及地方政府的功利主义考量，地方违反法律设定执法的情况并非不可能发生。设定权本质上是一种创制权，属于立法机关的权限范围，行政机关在法律之外创设执法权已然超出了法律解释容许的范畴，"动摇了职权法定的根基，使得该原则的理论价值和实践价值处于一种无效状态"。[1]因此，执法权之设定应属于法律保留内容，行政机关违反法律设定执法权即构成对职权法定原则的违背。此处的"法律"，一方面是指《立法法》和《行政处罚法》《行政强制法》《行政许可法》等一般法，协同执法

主体不应僭越法律关于中央、地方立法权限以及诸种行政行为设定权的规定；另一方面也指《大气污染防治法》等生态环境保护单行法，协同执法亦不得违反法律扩大执法权的事项、种类、条件、幅度，否则即为创设新的执法权，构成对职权法定之违背。

第四，协同执法的法律制度应维持稳定性。法律权威的形成源于人们的认可和信任，而人们之所以认可和信任法律，一个重要原因是法律给人们提供了一个长期、稳定、良好的法秩序。当前跨区域生态环境协同执法的问题之一是缺乏长效性，协同执法的开展往往是政治任务和重大事件的结果，加上协同执法的依据以极具变动性的政策文件为主，协同状态的持续性就会成为问题。当有关协同执法的法律制度不断完善，并代替政策成为主要的依据之后，保持法律制度的稳定性就应当作为各方主体共同遵循的准则。如此，协同执法体制才能具备生命力，其所带来的生态环境利益才能不断为社会公众所感知，法律的权威也才能不断地被认可。一则，跨区域生态环境协同执法涉及不同地区的多个部门，这些主体经过不断博弈，能够就协同事项达成一致并以法律的形式加以确认实属不易，故此，已经制定的法律法规不能随意废除、修改。这里的"废除""修改"既指通过法定程序，由有权机关进行的法律文本上的废除、修改，也指政府事实上对这些立法弃之不用，或在实施过程中进行非法的变通，特别是在领导变动、政府换届后，事实上的废除、修改立法的情况更容易出现，应格外重视。二则，就协同执法而言，协同执法的组织者、执法权限的划分、执法范围、协同责任等内容是执法机制构成的核心要素，这些要素的变化决定了执法机制的整体面貌。所以，这些要素一旦为立法所确认就会成为协同执法法律制度的核心条款，不能随便加以变动，特别是不同区域执法主体的权限、责任划分，此类条款的变动实际上意味着改变了已经形成共识的利益格局，如果轻易变动，达成新的利益平衡就会更加困难。跨区域生态环境协同执法法律规范核心条款的稳定是法律制度整体稳定的前提，稳定的立法可以促进协同各方形成稳定的预期。这种预期包括协同执法带来的利益以及拒绝协同的法律后果，稳定的预期塑造了对法律制度的认可与信任，在认可和信任的作用下，协同执法各方才能持续性地投入成本以保证协同执法措施的贯彻执行。当然，对稳定性的追求并非意味着保持法律制度的一成不变，立法需要适应不断变化的协同执法实践，因应执法实践中出现的新问题、新情况，在稳定性和适应性之间寻求平衡。只不过，国家和地方层面的立法侧重不同，国家层面的立法应尽量保持稳定性，而地方层面的立法则可以更多地追求适应性。

二、形成协同执法的规则基础

法律制度供给缺位是制约协同执法实践发展的原因之一，协同执法的重要事项应当通过立法加以规范，而国家和地方立法在规范内容上应有所区别，需要改变地方立法照搬国家立法，以及法律条款同质化的现象，"重要事项"对二者来说应当具有不同的指涉。为此，需要明确国家立法、地方立法的规范内容，同时推动跨区域生态环境协同立法的进程，形成协同执法的规则基础。

（一）国家层面立法

国家立法权威较高，具有全国性的法律效力，因此有关协同执法的全国性法律问题应当由人大立法，或至少由国务院以行政法规的方式进行规定。国家立法的规范内容至少应当涉及以下三个方面：

第一，明确规定协同执法的适法性。在《环境保护法》及其他生态环境保护单行法中明确赋予协同执法以合法性地位。目前的《环境保护法》仅仅规定了国家和省级政府可以建立跨区域"联合防治"或"协调"机制，没有规定政府部门可以实施协同执法，而将来的立法需对协同执法的适法性加以明确，授权政府可以设立协同执法组织、订立协同执法协议，采取不同类型的协同执法方式。另外，协同执法对职权法定原则的挑战以及对行政管辖权的突破虽然在理论上可以得到解释，但较为合理地避免合法性争议的办法是通过完善立法，规定政府可以根据协同执法需要，在不违背政府部门法定的核心职能与责任的前提下，决定执法的实际实施者、执法范围与执法形式。例如，可以直接将实践中已经存在并取得良好效果的签订协同执法协议，建立协同执法专门机构，开展交叉执法、联合执法、联动执法等协同执法的做法规定在法律之中。

第二，健全协同执法的组织性立法。目前我国的生态环境立法，除《环境保护法》和《大气污染防治法》等针对具体生态环境要素的法律外，规定生态环境保护主体，即各级生态环境保护主管部门的组织性立法显得不足。并且，对国家和地方设立的各类协同执法组织，国家立法更是缺少关注。政府组织的职权属于《立法法》规定的法律保留事项，由于缺乏相应的立法，地方政府在协同执法中会产生"政府部门是否有权实施协同执法"的疑问，从而影响协同执法在实践中的展开。因此，国家层面需要健全生态环境保护的组织性立法。一方面，要改变只有省级政府才有权建立协同机制的规定，赋予县级以上政府建立协同机制的权限，规定县级以上生态环境保护主管部门可以实施协同执法行为；另一方面，组织性立法还应当对不同类型的协同执法组织的法律地位予以明确，同时，国家立法无需对现实中已经存在的所有协同执法组织进行详细规定，可以根据不同执法组织的性质和特点分别进行规范。对国家层面建立的协同执法组织，如中央督察组、长江流域生态环境监督管理局，国家立法应当赋予其执法权限，而组织的人员构成、职能职权、运行方式等具体组织规范可以由国务院制定行政法规加以明确。对地方层面建立的常设性协同执法组织，如各省设立的流域机构，国家立法可对其进行概括授权，具体的人员构成、职能职权、运行方式由省级人大制定地方性法规加以规定。另外，联席会议是非常设的议事性组织，协作小组、领导小组等属于非常设的议事性、决策性组织，这些组织地方色彩较为浓厚，其组织规范由地方立法加以规定即可。

第三，规定中央和地方协同执法的权限划分。我国《宪法》并未对中央和地方政府的职权进行划分，《地方组织法》规定的省级政府和县级以上政府的职权范围也基本相同，这就使得各级政府存在机构重叠、事权不明、责任不清的问题，哪些协同执法事项属于中央、省级权限范围，哪些事项设区的市、县级政府可以进行协同执法无法明晰。德国、美国等联邦制国家对中央和地方权限的划分通常采取列举式，由宪法规定联邦政府的专属权限，未列举的部分属于地方政府的权限范围。印度、墨西哥则与之相反，宪法对地方专属权限事项进行列举，未列举的权限属于联邦政府。我国《宪法》虽未对中央和地方的权限事项进行明确划分，但《立法法》采取了一种类似美国与德国的做法，该法第8条规定了全国人大及其常委会专属立法事项，省级人大的立法事项并未进行限制。就协同执法而言，国家立法可以采取类似做法，对应当由国务院生态环境部组织实施的协同执法事项范围进行列举式规定，除这些国家协同执法专属事项外，其余的事项可由地方政府进行协同执法。国家协同执法专属事项的具体内容则需要根据一定的标准加以确定，具体的标准将在后文展开论述。

（二）地方层面立法

跨区域生态环境治理在很大程度上是地方政府的公共事务，协同执法机制建立的目的也在于化解不同地方政府共同面临的公共危机。地方比中央更有利益激励开展协同执法，在信息和专业性上更具优势。协同执法实践的过程也遵循了由地方到中央的发展脉络。如合作执法模式就是先由京津冀、长三角等地展开探索，形成经验，并通过地方立法的形式对这些经验加以规范的。随后中央对地方先行先试的实践予以肯定，出台政策文件进一步扩大试点范围，最后将相关经验予以总结形成法律。协同执法现实的发展脉络说明，地方应当在协同执法机制建构中起关键作用，在获得国家的适法性认可之后，地方立法要对协同执法所涉及的主体、范围、方式、权限、程序等事项进行具体的更为详细的规定。在国家立法和地方立法合理分工的前提下，以下几个事项是地方立法需要重点规范的内容：

第一，协同执法的主体资格。通常而言，跨区域生态环境协同执法的主体是各地的生态环境保护主管部门，但各地政府的机构与职权的设置、人员配备等情况存在差异，在不同的区域，某项具体职权可能属于不同的部门，而且正在进行的生态环境执法体制改革也加剧了此种差异性，使情况变得更加复杂。地方立法可以考虑综合一定的因素，在法律允许的范围内规定协同执法的主体资格，对主体的执法权能、执法范围、执法对象等加以裁量规定。地方在进行立法时需要综合考虑的因素包括：一是专业性。不同行政机关分工的关键在于专业性的不同，专业性的事项构成了一个部门得以存在的核心业务范畴，也是其权力的核心领域。如销售的食品是否符合法定质量标准的事项即构成了食品药品部门的专业性事项，食品安全领域的协同执法就不能由生态环境保护主管部门行使。故此，成为协同执法主体的前提是，所要处理的生态环境问题属于拟参与协同部门的核心职权范围，否则就无法形成协同关系，或通过立法调整职权配置后才能形成协同关系。二是关联性。跨区域生态环境协同执法所"协同"之权力须与生态环境保护、污染防治具有关联性，否则也不应由协同执法主体行使，当然此种关联性应作较为宽泛意义的解释，以不侵犯其他部门的核心领域为前提。三是有效性。在存在权限模糊、执法争议，或面对新的执法事项，权限难以确定时，应当以最大化公众的生态环境利益为价值原点，系统考虑执法主体的人员、经费、区域等情况，进行成本收益衡量，由能够以最小成本取得最大有效性的机构进行协同执法。

第二，协同执法的具体形式。各地社会经济发展水平、面临的生态环境问题存在差异，地方立法需要结合实际，根据合作执法、督察执法、专门机构执法等不同执法模式的特点，考虑协同执法的目标任务和成本收益，选择合适的协同执法形式。尽管协同执法的目标任务均为治理跨区域生态环境问题，但具体任务会有所不同。如果协同执法旨在解决大气、水等多重生态环境要素的跨区域问题，那么合作执法模式则是较为合理的选择，因为合作执法模式属于非紧密型的协同方式，可以适用于广泛的合作领域。如果协同执法的目的是克服地方保护主义，督促地方执法部门履行职权，合作执法模式中的交叉执法、上级对下级的督察执法则是恰当的选择。倘若跨区域生态环境问题波及多个区域，这些区域主体在地理空间上相互毗邻，协同执法意在整合执法力量，共同应对危机，那么专门的执法机构模式可能是一个好的选择，因此建立跨区域的流域协同执法机构通常是提升流域生态环境治理绩效的途径之一。同时，不同跨区域生态环境协同形式所花费的成本与获得的收益也不相同，合作执法模式是通过协议建立非紧密型的协同机制，协同组织主要承担议事与决策职能，无需建立专门的执法机构，具体的执法工作由各区域内的执法主体承担，因而其协同成本较低。这主要是由于合作执法模式缺乏实体性的协同执法机构，其协同效果很大程度上取决于协议的执行情况。专门机构模式则需要设立实体性的执法机构并配置相应的人员、软硬件设施，需要进行必要的财政投入，且专门机构执法具有实质性的执法权限，能够产生强制力，"有强制执行力的约束性区域组织比无强制性的自愿性区域组织更富有效率"，[1]因此，专门机构执法能够减少各方协调的成本，执行效果更有保障。地方立法可以在总体上规定不同的协同执法形式，同时赋予政府自主选择权，以及通过规章制定不同形式所具有的执法权限。地方立法应针对不同协同执法形式的特点进行规范。

　　第三，协同执法的运行程序。为保证协同执法机制充分发挥生态环境治理作用，法律应采取较为宽松的态度，赋予各区域较大的自主权，但协同执法毕竟是公权力行为，会对相对人权益造成影响，因而法律需要对协同执法进行必要的规制以防止执法权滥用，且规制的手段更多地应当以程序法治的方式展开。目前，国家层面没有统一的协同执法的行政程序立法，《行政处罚法》《行政许可法》《行政强制法》规定了行政处罚、行政许可、行政强制的实施程序，但协同执法包括多种行政行为，三大行为法不能涵盖其他行为的程序规范。在我国未制定行政程序法的情况下，地方可以开展协同执法程序的立法尝试。湖

---

〔1〕　朱最新、刘云甫："法治视角下区域府际合作治理跨区域管辖组织化问题研究"，载《广东社会科学》2019 年第 5 期，第 231 页。

南、浙江、江苏等地的政府已经制定了行政程序的政府规章，这些规章并没有包括协同执法程序的有关内容，因而地方立法对此应当予以补充。[1]协同执法的程序主要有两方面内容：一方面是协同执法组织的运行程序，包括不具有执法权的议事组织或决策组织的运行程序，以及具有执法权和行政主体资格的专门执法组织的运行程序。对于前者，地方立法需要对组织的人员构成、议题设置、协商的程序、决策的方式进行规定，立法的目的在于保证议事过程的平等性、民主性以及决策作出的科学性、合理性。对于后者，除上述内容外，地方立法还应规定执法组织可以采取的具体执法形式，具有的具体职权、决定作出的流程等事项，立法的目的在于明确组织的职能职权、责任分工，为下一步开展协同执法奠定基础。另一方面是协同执法的执行程序，执行程序包含程序的启动、调查和取证、决定和执行、期间和送达等环节，在类型上除行政处罚、行政许可、行政强制外，还包含行政检查、行政监督、行政指导、行政奖励等行为，各地需通过制定或完善行政程序立法的方式对此加以规定。需要指出的是，协同执法可能由不同区域的执法主体实际执行，地方立法在进行执法程序设计时需对此加以考虑。如协同关系中一方主体的申请就应当是程序的启动条件之一，调查和取证人员由多方主体组成、执法决定的作出应当经过参与主体充分协商。

协同执法各方还应当着力解决规则之间相互冲突与内容不一致的问题，实现《环境保护法》要求的统一规划、统一标准、

---

[1] 《浙江省行政程序办法》第14条第1款规定，行政机关之间可以通过建立联席会议制度、成立专项工作小组、建设信息共享平台、签订区域或者部门合作协议等机制和方式，开展行政协作。第2款规定了部门间的行政协作程序。对区域之间的行政协作则作未作规定。另外，该办法第36条规定了联合执法时执法决定的作出方式，而其他地方有关行政程序的规章则基本没有涉及区域协作的内容。

统一监测、统一的防治措施，因此需要在国家立法和地方立法的分工基础上，推进跨区域生态环境治理的协同立法。目前，我国跨区域协同立法尚在起步阶段，尽管各地在探索过程中已经形成了协同立法的基本原则或框架，但仍有待实质工作的进一步推进。对跨区域生态环境协同执法而言，地方应当建立协同立法联络机制，成立区域立法联席会议，就有关跨区域生态环境保护和协同执法的立法事项展开协商，在立法规划、立法起草、立法内容、立法冲突解决等方面都要通过联席会议达成一致。地方应当在清理各自相关立法的基础上，制定立法规划，在跨区域协同执法的范围、事项、权限、程序等方面达成一致。在达成一致之后，应当适时启动立法程序，在法制基础统一的前提下，针对具体的环境要素、执法任务，采取联合执法、交叉执法、委托执法等不同的执法形式。同时，各地立法机构可以签订协同立法协议，有序推进协同立法进程，使之成为国家立法和地方立法的必要补充。借助协同立法，实现对协同执法事项的统一与协同，对各地协同主体行为的制约与规范。

三、重塑协同执法的三维关系

"组织发展的每一个阶段都需要就组织结构问题作相关决策。"[1]在组织法上，跨区域生态环境协同执法机制的建构意味着对原有组织的法律地位、职权职责、相互关系、人员配置等要素的重新调整，协同执法机制存在于一个纵向、横向、内部组织构成的立体空间之中，协同执法的法治化需要对不同的组织关系进行重塑。

---

〔1〕　〔美〕多丽斯·A.格拉伯：《沟通的力量——公共组织信息管理》，张熹珂译，复旦大学出版社 2007 年版，第 82 页。

（一）协同执法纵向关系重塑

协同执法纵向关系指的是中央与地方协同主体间权限划分的问题。我国法律规定的中央与地方权力关系格局，是造成协同执法内外障碍的重要制度性因素。为此，国家立法应从宪法的高度，根据协同执法的需求，对纵向的执法体制安排进行调整。

第一，赋予地方协同执法自主权。在调整协同执法纵向关系的过程中，基于我国的国家性质和单一制的国家结构形式，宪法确立的央地关系整体格局不能改变，协同执法首先应当坚持国家层面的统一领导，此点亦为协同执法取得成效的根本保障。在此基础上需要借鉴联邦制的有益做法，在坚持中央法制统一的前提下，给予地方更为广泛的协同执法自主权。相较于其他领域，地方政府会面临更多的跨区域生态环境问题，"要注意到环境领域执法案件的特殊性，就是环境领域的跨区域案件相对城市管理、市场监管等领域数量更多"。[1]协同执法主要依靠地方的执法队伍、财政投入。2016年，生态环境执法的垂直管理体制改革将执法力量下沉。2021年4月，中共中央、国务院发布《关于加强基层治理体系和治理能力现代化建设的意见》，赋予乡镇（街道）以行政执法权。2021年7月实施的《行政处罚法》规定了省级政府可以决定将县级政府部门的行政处罚权交由乡镇（街道）行使。[2]这些法律和政策都表明，执法权下沉是行政执法体制改革的趋势之一，因此，协同执法主要是地方自主权事项，因而协同执法的纵向关系应以地方为主。

---

〔1〕 吕普生："中国行政执法体制改革40年：演进、挑战及走向"，载《福建行政学院学报》2018年第6期，第20页。

〔2〕 《行政处罚法》第24条第1款规定："省、自治区、直辖市根据当地实际情况，可以决定将基层管理迫切需要的县级人民政府部门的行政处罚权交由能够有效承接的乡镇人民政府、街道办事处行使，并定期组织评估。决定应当公布。"

在此前提下，立法需以一定的标准对国家和地方的协同执法权限进行划分。

第二，确立中央和地方协同执法权限划分的标准。我国《宪法》对国务院和地方政府事权的划分标准并不明确，除管理对外事务、国防事务、华侨事务为国务院专属权力外，管理科学、教育、文化、卫生、体育等事务均属于二者共同的权限。只不过，国务院管理全国性的事项，而地方则管理其行政区域内的事项，对于跨区域的事项如何划分缺乏规定。[1]根据《环境保护法》第20条，重点区域、流域生态环境协同执法机制由国家建立，但何谓"重点"区域、流域？判断标准并不明确。协同执法机制中中央和地方权限的划分需要一定的标准，这些标准主要包括：

一是事项标准，"行政事务的主要性质和法律性质是行政执法组织系统设置的主要因素"。[2]中央和地方协同执法权限首先应当以事项的重要性与影响力为标准进行划分。一方面，协同执法的重要事项应当属于国家权限范围，而所谓重要事项，是指涉及国家专有权力的事项。《宪法》规定了全国人大及常委会、国务院的职权，《立法法》规定了国家的专属立法权，各地协同执法事项不能涉及上述权限内的事项。如地方协同执法协议不能约定缔约方在发生核污染时有权宣布进入紧急状态，也不能约定建立跨区域性的专门法院，审理缔约方在协同执法中的争议案件，因为这两项权力均为中央专属权。另一方面，具有全国性影响力的事项应当属于国家权限事项。所谓有全国性影响力事项，一则是指生态破坏或者环境污染造成或者可能造成全国性的生态环境危机。如长江、黄河流域整体的协同执法

---

〔1〕　参见《宪法》第89条、第107条。

〔2〕　夏云峰：《普通行政执法学》，中国法制出版社2018年版，第123页。

机制，核污染防治协同执法机制都应由国家建立，地方通常无力处理这样的全国性问题。全国性影响力事项还指影响中央对地方控制力的事项。"中央与地方立法权的划分，是在保证中央对地方的有效控制和统一指挥的前提下进行的。"[1]地方自主权合法的前提条件是不得影响或者削弱中央对地方的控制力，如果地方以协议的形式在法律之外增加地方的权力、减少对中央的义务，或者变通法律的规定，那么这些事项均应属国家权限之内。例如，地方通过立法规定或者协议约定，在各方行政区域内，实行与国家不同的空气和水质量的监测标准，并以此为执法依据，此项内容即应获得中央同意。此外，全国性影响力事项也指减损非协同主体的权利，或增加其义务的事项。通常情况下，协同执法机制只在参与方之间发生作用，协议也仅对参与方的权利义务进行规定，但理论上，协同各方为了达到执法效果，很可能会通过协议对非缔约方的政府和公民的权力（利）义务进行规定。例如，禁止某些主体参与协同执法，以及为了生态环境保护，禁止非协同区域的公民从事某些生产经营活动，或者针对协同区域、非协同区域制定两套不同的环境质量标准等。这些事项由于涉及宪法上的平等权和《立法法》中的法律保留事项，应属于国家执法权限内的事项。

二是效率标准，即根据效率最大化的标准确定权力的归属，而效率最大化的判断则要综合考虑政府和公众双方的情况。一方面，权力拥有者需要更高效地满足公众对生态环境治理的诉求。"对于理性经济人而言，宪法与政治框架并不是最重要的；重要的是，存在多级决策层的情况下，哪一层次的决策能更有

---

[1] 朱未易："对中国地方纵横向关系法治化的研究"，载《政治与法律》2016年第11期，第75页。

效率地回应他们的利益诉求。"[1]地方政府比中央政府在了解公众诉求方面更有优势，越是基层政府，其获得诉求信息的能力越强。而且，地方政府能够提供更为"便利"的服务。"所谓'便利'，是指政府组织在提供公共服务过程中的便利状态，它测量的是公民容易接近和获得政府提供的公共服务的程度。"[2]公众可以直接向地方政府提出利益诉求，但很难直接接触到国家机构。所以，协同执法的大部分权限应归属地方政府，除非生态环境问题波及全国，治理的诉求来自整个社会。另一方面，权力拥有者应当遵循成本收益均衡原则，需能够以最低的成本获得最大的收益。协同执法权的运行是有成本的，权力主体需要承担人财物等有形的成本，如果有形成本超出了地方政府的支付能力，则赋予其权限就是不经济的。同时，权力主体还会支付诸种无形成本，包括协调不同区域、部门的成本，因决策错误而造成的政治追责，执行违法造成的法律追责、司法诉讼等风险成本。因此，需要衡量成本与收益之后进行协同执法权限的划分。

根据上述标准可以将协同执法事项分成中央专属事项、双方共管事项和地方专属事项三类。其中，中央专项事项占比不宜过多，大部分事项应归于地方专属事项范围，而属于双方共管的事项，国家可以保留决策权、审批权，地方则享有执行权，国家就协同执法进行总体决策后，地方政府制定具体的落实措施，上报并经批准后，由地方负责执行。

（二）协同执法横向关系重塑

横向协同执法关系重塑的关键即通过法律与政策手段，构

---

〔1〕　W. E. Oates, *Fiscal Federalism*, New York: Harcourt Brace Jovanovich, 1972, p. 245.

〔2〕　［美］珍妮特·V. 登哈特、罗伯特·B. 登哈特：《新公共服务：服务，而不是掌舵》（第 3 版），丁煌译，中国人民大学出版社 2016 年版，第 45 页。

设体系化的激励和约束机制，以打破协同执法的"囚徒困境"，促进府际间良性合作局面的形成。这些激励与约束机制包括：

第一，成本与收益分配机制。协同执法成本与收益分配机制的不明确或不公平是导致协同执法困境的原因之一。地方政府都期望支付最低的成本，获得最大的协同执法收益，因此，横向关系重塑的首要问题是构造公平合理、互惠互利的成本与收益分配机制。一方面，协同主体各方经济社会发展水平不尽相同，执法成本的承担需要考虑各地的实践情况，通常而言，经济发达地区的政府更适宜承担主要的执法任务，欠发达地区的政府则可以承担次要或协助性的执法任务。另外，还需要发挥各地的比较优势，有的地方政府执法力量比较雄厚，有的政府对执法对象更加了解、更有经验，协同执法过程中需要发挥各自所长。另一方面，收益的分配原则上应与成本的支出方式一致，即承担更多成本的主体可以获得更多收益。另外，各地在建立协同执法机制中应设立利益协调机构，或者使当前协同执法实践中存在的领导小组、联席会议等领导议事组织成为利益协调机构，当各方对分配方式产生分歧，存在利益冲突时，即可由协调机构组织相关各方进行协商、沟通、协调。

第二，利益激励机制。提升各地政府参与协同执法的积极性，激发它们的动力，需要建立有效的激励机制。中央政府可以在符合法律规定的前提下，通过专门财政转移支付的方式，对协同执法机制成功建立，并运行良好，有效化解跨区域生态环境问题的地方政府，根据作用大小进行奖励。协同各方也可以在每年的财政收入中拿出一定比例的资金，设立专门的协同执法基金，用于开展协同执法工作和奖励相关地方政府和人员。同时，通过市场化的手段进行激励也是一个较为可行的方法，市场化的手段包括购买服务、生态补偿等。所谓购买服务，是指甲地政府支付给乙地政府一定的费用，由乙地政府开展执法，解决两地共同的生态环境问题。协同各方不一定非要参与执法活动，而是可以采取"一方出钱、一方出力"的方式建立合作关系。为了增强激励效果，可以根据不同任务的目标大小、难易程度、完成任务的时间长短、实际效果等因素确定购买服务的价格。生态补偿也是一方政府给予另一方政府一定的费用，但生态补偿的主要目的是补偿生态环境执法所花费的成本，而非购买服务。如流域上游的政府如果积极进行执法，保证每年水质达标，下游的政府即会支付上游政府一定的金钱，以补偿其花费的执法成本。

第三，考核追责机制。由于协同执法的参与者是跨区域的地方政府，它们之间并不存在行政上的隶属关系，合作协议的履行主要依靠缔约主体的自觉，如果一个主体违反协议，在执法事务上拒绝合作，其他主体并无有效的方式约束和惩罚违约主体。因此，协同主体之间应当建立具有强制力的制约手段以维系协同执法机制的实效性。一是应当完善官员考核评价机制。考核评价结果是官员职务变动的重要参考，争取更为优异的考核结果从而获得更多的升迁机会是官员履行职权的直接动因，因此，应当完善考核评价方式以激发官员履行协同执法义务的动力。目前的考核评价方式已经改变了过去只重视经济发展的片面做法，将生态环境保护职责履行情况的内容纳入其中，但评价范围仍然是在行政区域内，因而有必要将范围扩展至跨区域协同执法，并且，协同执法履职情况在评价比重上不能过低，特别是对跨区域治理任务较多的地方政府。对考核优秀的官员应进行必要的奖励，给予更多的晋升机会，对表现欠佳的官员也应实施一定的惩罚措施。二是应当完善责任追究机制。当协同主体违反合作协议，拒绝履行协同执法义务时，应当追求相关官员的政治责任和法律责任。政治责任包括《纪律处分条例》等党内法规规定的党纪责任，以及《监察法》《公职人员政务处分法》等法律规定的政务责任。法律责任则主要指《刑法》规定的玩忽职守等渎职行为的刑事责任。另外，守约方协同主体也可以通过取消与违约方的其他合作项目、互惠政策，限制其参与跨区域性事务的资格等方式进行制约与惩罚。

（三）协同执法内部关系重塑

根据系统论的观点，协同执法机制如果是一个以治理跨区域生态环境问题为目标构建的系统，那么该系统整体性功能的发挥则取决于其内部子系统关系的耦合程度。协同执法系统内部包括决策、执行、监督等不同的子系统，它们之间的关系决定着协同执法整体效能的发挥，只有根据不同要素的性质将内部系统进行合理的塑造，才能最终实现协同执法机制运行的最优化。

第一，决策系统与执行系统。决策系统位于协同执法机制的前端，侧重于制定协同执法的政策、规划、方案，获取执法所需的数据、信息，为执法的实际执行做好准备。执行系统则位于协同执法机制的中端，侧重于通过对相对人实施具体的执法行为，将政策、规划、方案付诸实际。科学合理的决策是取得良好执行效果的前提，决策系统与执行系统之间应当是相互配合、紧密合作的关系，但决策的科学合理性、执法的公平性又要求两个系统进行必要的分工，二者的职权不能混为一体。在当前的协同执法实践模式中，决策系统与执行系统往往是合在一起的，并未进行必要的职权分工，特别是在专门机构执法模式中，专门执法机构既有决策职权，又有执行职权。协同执法机制内部应当实现决策与执行职权的分离。首先，需要对协同执法机制包含的具体的职权进行梳理，并将其分为决策、执行两个类型，以此为基础建立两类权力清单。根据目前的法律法规，决策类权力清单可能包含行政规划、确认、许可、奖励等职权，而执行类权力清单则可能包含行政处罚、强制、检查、征收等职权。其次，需要将两类清单上的职权分别赋予不同的组织行使。此处存在两种情况：一种是协同执法机制缺乏实际的执行组织，如在合作执法模式中，只有跨区域的领导或议事组织，实际执行由各区域内的组织进行，那么决策职权就应当赋予领导或议事组织，执行职权赋予各区域内的政府部门；另一种是存在实际执行的组织，如专门的流域执法机构，那么流域机构就应当分别设置决策和执行的内设机构，实现两种职权的分离。目前地方生态环境保护主管部门主要是根据水、大气、固体废弃物等不同环境要素分别设置不同的内设机构，专门执法机构以流域为对象，因而其可以设置一两个决策机构，同时将流域分为不同的节段设置多个执行机构。决策系统与执行系统重新构造的目的在于使二者之间形成一种分工协作、相互配合的关系。

第二，执行系统与监督系统。监督系统位于协同执法机制的后端，侧重于对决策和执行系统行为的监督，以防止权力滥用和懈怠，损害行政相对人和社会公共利益。区域内生态环境保护执法的监督体系较为完善，在执法主体内部设有纪检监察机关，上级部门也可以基于领导关系对下级部门的执法行为进行监督。协同执法机制超越了行政区划和部门管辖的限制，法律规范和组织架构的不明确使得协同执法权力的运行缺乏体制化的监督性力量。执法过程的独立性在很大程度上破除了地方政府的掣肘与束缚，有效改善了生态环境治理中的地方保护现象，但同时也缺少了必要的制约与平衡，存在权力滥用与恣意的可能。为此，一方面应当强化协同执法机制自身的内部监督系统，根据不同的协同执法模式进行设计。在合作执法模式中，可以由各地参与协同的政府及部门内的纪检监察人员组成一个监督委员会，专司监督职责，处理公众对执法工作的举报、投诉事务。应当指出的是，在目前的法制框架下，监督委员会在性质上不是类似监察委员会的实体机构，不具有对执法人员进行党纪处分、政务处分的权力。监督委员会应当只享有对执法人员的调查权，但在调查结束后应当将调查结果交给纪律监察部门，由它们进行党纪和政务处分。在专门机构执法模式中，可以采取与区域内生态环境保护主管部门相同的组织设置，在流域机构内建立专门的纪检监察机构，专司监督职能，从而使专门机构形成决策、执行、监督完整的组织机构设置。各组织机构在进行监督时，需要特别重视对执法过程的监督，保证执法主体权限的适法性、自由裁量的合理性以及执法程序的正当性，并且要结合对官员的考核评价机制，及时处理相关人员的违法滥权行为。另一方面，在协同执法机制内在监督系统完善的基础上，应当使内部监督系统与外部监督力量相互衔接。督察执法是一种协同执法模式，但同时也是一种对协同执法主体的外部监督力量，督察组织可以对下级的政府和部门参与协同执法的行为进行督察，从而形成一种自上而下的制约。另外，仅仅依靠政府体制的自我监督是不够的，还应当将政府体制监督与司法机关监督相互结合。我国应在条件成熟后，探索设立跨区域的专门检察院和法院，专门负责包括跨区域生态环境保护相关的行政诉讼、公益诉讼案件。在跨区域专门司法机关建立之后，如果执法人员涉嫌违反行政法、刑法的有关规定，纪检监察部门应当及时将案件移送至司法机关，由其追究相关人员的法律责任。当然，从根本上说，协同执法机制的有效运作，执法权力的依法行使需要依靠社会公众的监督力量。而且，由于跨区域生态环境问题的广泛性，较之于区域内执法，协同执法所针对的相对人数量更多，影响的公民权益范围也更加广泛，因而，权力滥用给社会公众造成的损害也会更加严重。因此，需要建立各个区域公民、企业和其他组织进行利益表达的渠道，拓展多种监督手段。执法主体在制定规划、进行决策、实际执行、作出处理决定等各个环节时要向社会公开，积极听取公众意见，对公众的举报、投诉及时进行反馈。另外，新闻媒体应当充分发挥舆论监督作用，通过新闻媒体及时传递公众的意见，及时发布协同执法过程中政府的决策依据和政策精神，成为执法主体和社会公众沟通的媒介。

四、完善不同模式的制度构造

合作执法模式、督察执法模式、专门机构执法模式是当前协同执法实践采用的三种主要模式，正如本书第二章所述，这三种模式各有优劣，均存在需要完善之处。

（一）合作执法模式的制度构造

合作执法模式主要通过签订行政协议的方式建立协同执法关系，实际的效果依靠各区域对协议的履行情况，现实中，合作协议往往难以得到严格遵守和执行，协同执法也停留于运动性、临时性协同层面。因此，合作执法模式制度构造的着力点即在于协同执法协议之上，以协议自身的完善与有效执行为目标。

第一，明确协同执法协议缔结的主体。成为协议缔结主体的前提是具备行政主体资格，能够以自己的名义行使职权，承担法律责任。各区域的地方政府是最常见的缔约主体，京津冀、长三角地区的合作协议多由各地政府缔结。地方政府对该区域内的生态环境治理事务具有管辖权，可以以自己的名义，代表本行政区内的公众参与跨区域公共事务，并承担法律责任，其合作协议缔结主体的资格应无疑问。需要明确的问题在于，是否应当承认所有层级的政府均是适格的缔约主体？答案应当是肯定的。我国省、设区的市、县、乡镇四级政府都具有行政主体资格，具备缔约的前提，尽管现实中合作协议的缔结主体多为省级和设区的市级政府，但在理论上，所有层级的政府都有签订协议的权力。而且，当跨区域生态环境问题只涉及两个或两个以上的县或乡镇时，不需要上级政府介入，由县或者乡镇政府签订协议进行协同执法显然是更为合理的选择。当然，县级以下政府缔结的协议可能存在违法或损害公共利益的可能，为此可以设置备案或审批程序加以控制，但不能否定其缔约主体的资格。另外，不同级别的政府之间可以缔结协议，且协议双方并不被要求处于平级关系，如上海市和南京市可以就大气污染问题签订协同执法协议。各区域内的生态环境保护主管部门也应是缔结协同执法协议的主体。政府部门是行政主体，可以成为行政复议和行政诉讼的当事人，能够独立承担法律责任。在合作执法模式中，生态环境保护主管部门是协同执法的实际执行者，在专业技能和现实经验方面都比政府有优势，其签订的协议在内容上更具可操作性和针对性。何况，即便政府之间缔结了协同执法协议，最终也都是交由主管部门具体落实。所以，生态环境保护主管部门可以在其职权范围内与其他主体缔结协同执法协议，而其他主体应当限于其他区域的政府职能部门，不包括政府，因为政府与职能部门在主体属性、权限责任和代表性上都有所不同。与各级政府不同，生态环境保护主管部门之间缔结的协议在事项范围和缔结程序上需受到更为严格的限制。

第二，充实协同执法协议的内容。当前，各地基本是就跨区域生态环境治理的整体事项展开合作、签订协议，协同执法只是作为其中的一个合作事项被规定在协议之中，单独就协同执法事项缔结的协议比较少见。而且，各地协议中协同执法的内容并不丰富，且规定得过于原则和抽象，缺乏具体可操作的条款。较为充分的协同执法协议应当至少包含下列必要条款：一是协同执法的适用条件，即在发生何种跨区域生态环境问题，经过何种程序可以进行协同执法；二是协同执法的实行者，即确定实际执行执法任务的区域和政府部门；三是参与者的权利义务，实际执行执法任务的部门应当有获得其他主体的监测数据、执法信息、资源支持和行政协助的权利，同时也应当负有规范、公平、公正执法，保障相对人权益的义务。

第三，明晰协同执法协议的效力。协议被遵守和履行的法律前提是协议具有明确的效力，能够对缔约方产生约束力，而协同执法协议效力的明晰需要讨论协议是否与法律法规一样具有效力，以及协议与法律法规的效力等级如何两个问题。对于第一个问题，协同执法协议虽然由不同行政主体签订，与民事主体间的协议有所不同，但其系缔约主体自由意志的真实表示，且不违反法律法规的强制性规定，符合协议生效的要件，因而能够在缔约主体之间产生法律效力。对于第二个问题，情况就要复杂一些。协同执法协议的缔约主体是地方政府及其部门，其效力自然低于全国人大及其常委会制定的法律和国务院制定的行政法规。至于协同执法协议与地方性法规、地方政府规章的效力等级则要区别不同情况加以讨论。首先是协同执法协议与地方性法规的效力等级问题。根据《立法法》，设区的市以上人大及其常委会可以制定地方性法规，地方性法规的效力高于地方政府规章，缔结协议是地方政府及其部门的行为，其效力应低于地方性法规。从人大与政府之间权力机关与执行机关的关系角度也可得出上述结论。因此，上海市与浙江省政府（部门）所签订协议的效力低于两地制定的地方性法规。其次是协同执法协议与地方政府规章的效力等级问题。从协议缔结的目的考虑，协议的效力应当高于地方政府规章。协议缔结的目的在于各区域就协同执法有关事项取得共识，解决共同的生态环境问题，而这些问题依靠各自的力量无法独自解决，协议的目的就在于弥补各地政府法律手段之不足，如果规章的效力高于协议，那么缔结协议的目的就难以实现。并且，如果政府之间的协议与规章均规定了相同的事项，可以认为政府以协议的形式对规章进行了修改、补充、调整。当然，政府生态环境保护主管部门之间缔结的协议，其效力要低于共同的上级政府规章。如南京市生态环境厅与苏州市生态环境厅签订的协议效力低于江苏省的政府规章。因为南京市和苏州市政府属于江苏省政府的下级政府，生态环境厅又属于两地政府工作部门，其协议要遵守省政府规章的规定。明晰协同执法效力的作用在于防止地方以各自立法规定为理由拒绝协议的履行，同时也会促使各地在缔结协议时更加谨慎。协议一旦签订就具备了较高的效力，不得再以行政力量任意改变、拒绝履行或违反协议。协议签订后，即便是较高效力的地方立法也不应随意变更协议的内容，影响协议的执行。

（二）督察执法模式的制度构造

督察执法模式是借助党和政府的科层制结构，由上级组织对下级组织的执法情况进行审查，以督促、迫使下级组织履行职责、承担责任的一种协同执法模式。督察执法依靠的是国家的"专断性权力"。[1]本区域之外的督察组织可以对本区域内

---

〔1〕 "专断性权力"和"基础性权力"是国家权力的两种类型，前者是国家统治者仅凭借自己的单方意志即可实施和推行的权力，体现了较为浓厚的强制色彩；后者则是协调多元社会力量、在协商基础上加以实施和推行的权力，体现了协商民主色彩。参见［英］迈克尔·曼：《社会权力的来源》（第 2 卷·上），陈海宏等译，上海世纪出版集团 2007 年版，第 68~69 页。

的生态环境事项实施强制性的督察执法，而无需经过属地管辖组织的同意。督察执法有利于贯穿国家生态环境治理的政策和意志，通过强有力的督察手段推动和实现生态环境保护责任的贯穿落实。但督察执法也需要受到法律规制，通过制度的法治化克服督察执法模式本身的缺陷。

第一，法律依据的专门化。当前督察执法最为重要的规则依据是中央的《工作规定》以及各地制定的相应规范。与2015年的党内规范性文件《环境保护督察方案（试行）》相比，《工作规定》在性质上属于党内法规，效力层次有所提升，而且由中共中央办公厅、国务院办公厅联合发布，其效力能够涵盖党和政府的范围，解决了《环境保护督察方案（试行）》仅能适用党内督察的问题。然而，此种党政联合发文的方式不能与督察执法的特点有效契合。督察执法的对象十分广泛，包括承担生态保护党政责任的领导干部、负责具体工作的政府官员，以及产生生态环境问题的生产经营企业，督察执法是"督党""督政""督企"的统一。所以，督察执法并非完全的内部行政行为，其对企业实施的执法检查、证据收集等行为具有外部特征，会产生法律效果，而当公权力行为具备法律效果时，就应当通过法律手段加以规范。而且，随着党内法规立规技术不断完善，法规体系逐步形成，党内法规与国家法律在规范目标、条文内容、制度功能方面都表现出不同的特征，不宜将两者合二为一，应当分开规范，对督察执法进行国家层面的专门立法。

对督察执法进行专门立法有两种形式：一种形式是在既有的生态环境保护法律中增加督察执法的相关内容，而由国务院制定具体的督察实施办法。警务督察立法就是采取此种形式，《人民警察法》第47条规定了督察制度，国务院制定了《公安机关督察条例》进行贯彻实施。另一种形式是直接由全国人大常委会制定法律规定督察执法相关事项。从立法成本和事项的专业性角度考虑，第一种方式较为可行。《环境保护法》第67条已经规定了上级人民政府及其环境保护主管部门对下级的监督之权，[1]可以在此条中增加一款，将监督的具体形式规定为督察执法，同时赋予国务院制定相应行政法规的权力。国务院可以制定《生态环境保护督察执法条例》对督察执法的事项、对象、方式、职权、程序、责任等问题进行规定，之后由生态环境部出台更为详细的规范性文件，进而形成较为完整的督察执法规则体系。

第二，组织机构的规范化。督察执法的组织机构有承担领导议事职能的督察工作领导小组，也有承担实际督察工作的督察小组、督察局，还有主管日常事务的督察办公室，这些不同性质组织的建制应当通过法律法规加以类型化和规范化。一是明确组织机构的整体建制。督察执法效果的常态化需要依托不同层级的组织机构持续性地履行职责，中央已经建立了临时性的督察小组与常设的督察局，许多地方却缺乏常设性的实体政府机构，以承担具体的督察执法任务。在已经存在常设政府机构的地方，这些机构的性质也不尽相同。所以，需要地方在生态环境保护主管部门内进行相应的建制，并应当统一将这些机构作为政府的派出机构而非内设部门，以使其更加独立地行使职权。二是明确不同组织机构的运作方式。中央和各地的生态环境保护督察工作规定对督察小组的权限规定较为充分，但对督察工作领导小组的权限规定较为简单，这与领导小组的作用不相符合，而政府序列的督察局则缺乏相应的法律规定。因此，

---

〔1〕《环境保护法》第67条第1款规定："上级人民政府及其环境保护主管部门应当加强对下级人民政府及其有关部门环境保护工作的监督。发现有关工作人员有违法行为，依法应当给予处分的，应当向其任免机关或者监察机关提出处分建议。"

《工作规定》需要根据督察领导小组的性质，规定其领导与议事的范围、方式、程序；《生态环境保护督察执法条例》则需要对政府督察机构的人员、权限、督察执法的内容、对象、程序等进行规定。三是合理化组织职权分工。根据生态环境保护督察工作规定，督察小组具有"督党""督政""督企"的综合性职权，督察小组在主体性质上并不属于政府机关，能否以政府和企业为督察执法对象是有疑问的，因为只有政府及其部门才有权对下级政府及其部门进行监督，对相对人实施行政行为，所以在政府督察机构建立后，"督政"和"督企"的职能可以由政府机构承担。政府督察机构在履行职权时也需要考虑合法性问题，如生态环境保护部的督察局不能直接对设区的市政府进行督察，二者并非上下级或隶属关系，如果督察局要进行督察则应以该市的生态环境局为对象，或者以国务院名义对该市进行督察。此外，督察执法组织机构的人员构成也应当有所不同，督察小组可以由司法、监察、宣传、审计等多个部门的人员临时抽调组成，而督察局的组织人员则需更加注重专业性，主要应由环境科学、法律领域的人员构成，如此才能保证工作上的科学化、法治化。

第三，责任追究的完整化。督察执法的对象包括党委、政府、企业，责任追究自然也以三者为对象。《环境保护法》和其他环境立法已经对企业的法律责任进行了较为详细的规定，需要补充完整的是党政责任的相关规范。2015年，中共中央办公厅、国务院办公厅公布的《党政领导干部生态环境损害责任追究办法（试行）》是专门针对生态环境保护领域追责的党内法规，该办法对党政领导干部生态环境损害追责的情形进行了规定，但仍需要进一步完善。首先，应当对原则性和模糊性条款进行细化规定，如根据该办法第6条，地方党委和政府有关领导成员的追责情形之一是严重环境污染和生态破坏事件组织查处不力，但"组织查处不力"的表达并不清晰，"处置不力""执行不力"等说法也过于抽象。对此，可以结合具体的岗位职责加以具体的规定。其次，该办法还缺乏责任追究程序的规定。对此，可以从三个方面进行程序规范：一是责任追究的启动程序，督察组织机构在主动督察过程中发现应当追责的，可以依职权启动程序，接到公众举报或其他机构移送的案件时，也可以依据申请启动程序；二是责任追究的调查程序，追责机关在程序启动后即应通过调查、询问、收集材料等方式在一定期限内取得证据，完成调查，作出结论与建议，形成报告；三是责任追究的决定程序，有权机关在调查结束后，根据调查报告，综合考虑被追责人的主观过错、客观事实、损害程度等主客观因素作出是否追究责任，以及承担何种责任的决定，决定应当以书面形式作出，在决定之前应听取被追责人的陈述和辩解。另外，《党政领导干部生态环境损害责任追究办法（试行）》规定的追责对象仅是负有领导职责的党政机关负责人，对承担生态环境保护具体工作的普通公职人员缺乏专门的责任追究制度设计。为此，国务院可以在《生态环境保护督察执法条例》中进行补充。为保证追责效果，可以将环保督察事项与党内纪律检查制度相结合，纳入"中央巡视工作领导小组"的职权范围，"考虑到中央环保督察在制度渊源和问责方式上与党内巡视制度的相似性，由目前的'中央巡视工作领导小组'承担党内环保督察事务的组织协调职能最为合适"。[1]

（三）专门机构执法模式的制度构造

专门机构执法模式当前主要适用于流域生态环境治理领域。

---

〔1〕 陈海嵩："环保督察制度法治化：定位、困境及其出路"，载《法学评论》2017年第3期，第186页。

2017 年，中共中央办公厅、国务院办公厅印发《按流域设置环境监管和行政执法机构试点方案》，开启了按流域设置专门监管和行政执法机构的试点。设置跨区域的专门机构是该模式最为重要的特点，因此制度构造的措施应围绕专门流域机构展开。

第一，塑造权威性的执法主体。跨越各行政区的流域机构应当成为具备高度权威性的执法主体，才能有效克服分散型执法带来的碎片化问题。

主体权威性的塑造首先应在试点的基础上，全面布局流域机构的设置。全面布局并非主张所有跨区域的河流、湖泊都要设置流域机构，各地需要根据经济社会发展情况、流域生态环境问题、跨区域协同难易程度等因素决定。在生态环境问题多发、跨越行政区域较多、协同较为困难的流域即有必要设置专门的流域机构。地方流域机构可以设置在省级生态环境保护主管部门，设区的市以下不宜设立，以使流域机构具备较高的行政层级。如果省级辖区内有多条河流、湖泊需要设立流域机构，可以设立统一的"某某省流域监管执法局"，针对不同的流域建立执法队伍，无需设立多个机构。其次，应使流域机构获得行政主体资格。长江流域生态环境监督管理局等国家层面的流域机构在法律地位上属于生态环境部的派出机构。派出机构的性质意味着其虽然具有执法权，但执法权并不完整，具体的权限范围需要根据法律或生态环境部的授权确定，而且流域机构并不具备行政主体资格，无法获得财权和事权的独立性。地方流域机构的性质不一，有的作为生态环境保护主管部门的派出机构，有的则作为其内设机构。主体性是权威性的前提，法律应将流域机构确定为独立的行政主体，而非内设机构、派出机构或议事机构。而且，流域机构在执法队伍数量、组织规模、职能职权等方面都较"分散型"执法模式下大为扩展，如果其不具备主体地位，无法以自身名义实施行政行为、承担责任，就会出现拥有广泛执法权却不承担法律责任的情况。故此，法律应赋予流域机构以行政主体资格，能够以自己的名义，独立行使职权，承担法律责任。流域机构还需要具备完整的行政执法权。完整的执法权既包括强制性的行政处罚、强制、命令、调查等权力，也包括非强制性的行政指导、裁决、奖励、许可等权力，还包括与执法权匹配的相关性权力，如流域环境的监测权、保护规划的制定权、环境影响的评估权等。并且，流域机构的执法权应当覆盖整个流域，贯穿于生态环境问题的事前预防、问题发生后的治理、治理后监督的整个流程。最后，应保持流域机构的独立性。跨区域生态环境协同执法效果不彰的原因之一是地方保护主义，一些地方政府为了政绩和地方经济发展不愿意对本地的生产经营企业进行执法。政府对生态环境保护主管部门有领导权，主管部门即便想要为流域的整体利益进行执法也很可能遭遇地方政府的掣肘。因此，流域机构在建立并获得主体资格后就应当保持相对独立性，避免地方对机构行使执法权的不当干预。流域机构虽然设置在国务院生态环境部或者省级生态环境保护主管部门，但在行政序列上属于国务院或者省级政府，而非生态环境保护主管部门，并且与下级政府也没有直接关系。同时，由国务院或者省级政府直接进行人事任命，提供财政资金，如此可以使流域机构在法律关系、人事、财政上摆脱对地方政府的依赖，为执法权的独立行使奠定基础。在流域执法过程中，流域机构对国务院和省级政府负责，不受下级政府和部门的干预，保持履职过程的独立性。

第二，厘清流域机构与其他机构的关系。流域机构建立后取得了行政主体资格，享有了对整个流域生态环境保护领域的执法权，而在现行体制下，执法权分散于不同的政府机构之中，流域机构需要厘清与其他机构的关系。

　　首先是生态环境保护流域执法机构与水流域管理机构之间的关系。除生态环境治理外，对流域的管理还涉及水资源保护和利用等管理事项。根据我国《水法》，重点流域的水资源保护和利用等事项由水流域管理机构进行管理。国务院水利部设立了长江水利委员会等多个流域管理机构，[1]地方也设有辽河保护区管理局等区域性的水资源管理机构。虽然《水污染防治法》和《水法》对水资源生态环境保护与水资源管理行为分别进行了规定，但二者其实无法完全分开，很多具体事项存在相互重叠的现象，流域执法机构与水流域管理机构之间在职能职权上也存在重合之处。例如，根据水利部长江水利委员会网站对其职权的介绍，入河排污口设置的审查许可是长江水利委员会的执法权限，但其也应在生态环境部长江流域生态环境监督管理局的执法权限范围内。现实中，不合理的流域开发利用行为常常是生态环境问题发生的直接原因，流域开发利用与生态环境保护两项工作联系十分紧密，所以，较为合理的做法是将生态环境保护与水资源管理事项交由一个流域机构行使职权，生态环境保护流域执法机构与水流域管理机构合二为一。在国务院和省级政府内设置一个流域机构，统一行使两种职权，执法范围涵盖流域开发利用的前端环节以及生态环境治理的后端环节。

　　其次是流域机构与区域内生态环境执法主体的关系。厘清流域机构与区域内生态环境执法主体的关系需要两步走：一是改变原来的"分散型执法体制"，在各地行政区域内，加快推进综合执法体制改革，将原来分散于各主管部门的与生态环境保

---

　　〔1〕《水法》第12条规定，国务院水行政主管部门在国家确定的重要江河、湖泊设立的流域管理机构，在所管辖的范围内行使法律、行政法规规定的和国务院水行政主管部门授予的水资源管理和监督职责。

护相关的执法权限进行逐步调整、融合，由综合执法机构统一行使生态环境执法权。综合执法后，鉴于原来的执法机构已不存在，综合执法机构需与其他主管部门直接对接，从维护独立性与行政效率角度考虑，将综合执法机构置于同其他主管部门平级的位置，如此可以摆脱其对主管部门的依附与隶属关系，避免因行政级别导致的对接障碍。在具体的执法人员配置、财政支持、执法程序等相关制度构设中，应当始终围绕确保综合执法机构的独立性、权威性展开。二是在综合执法机构设立后，将流域执法权从综合执法机构中剥离，交由流域机构行使。需要说明，由于各地改革措施存在差异，承担生态环境综合执法职能的或许是原来的生态环境保护主管部门，或许是重新设立的部门，而且综合执法权的具体权能也有所不同，有些本应被综合的权限还可能保留在原主管部门。但这些权限倘若是以特定的流域生态环境为对象，针对的是水资源保护、开发利用、生态破坏、环境污染等行为，就应交由流域机构行使，不管其是否已经被融合至综合执法机构。

参考文献

著作类

1. 童之伟：《国家结构形式论》，武汉大学出版社 1997 年版。
2. 杨宏山：《当代中国政治关系》，经济日报出版社 2002 年版。
3. 金太军等：《中央与地方政府关系建构与调谐》，广东人民出版社 2005 年版。
4. 林喆：《权力腐败与权力制约》，法律出版社 1997 年版。
5. 董礼胜：《欧盟成员国中央与地方关系比较研究》，中国政法大学出版社 2000 年版。
6. 王人博、程燎原：《法治论》，广西师范大学出版社 2014 年版。
7. 魏红英：《宪政架构下的地方政府模式研究》，中国社会科学出版社 2004 年版。
8. 林尚立：《国内政府间关系》，浙江人民出版社 1998 年版。
9. 周振超：《当代中国政府"条块关系"研究》，天津人民出版社 2009 年版。
10. 金太军等：《政府职能梳理与重构》，广东人民出版社 2002 年版。
11. 胡建淼主编：《行政法学》，复旦大学出版社 2003 年版。
12. 胡建淼：《行政法学》（第 4 版），法律出版社 2015 年版。
13. 周佑勇：《行政法原论》（第 3 版），北京大学出版社 2018 年版。
14. 章剑生：《现代行政法基本理论》，法律出版社 2008 年版。
15. 余凌云：《行政法讲义》，清华大学出版社 2010 年版。
16. 夏云峰：《普通行政执法学》，中国法制出版社 2018 年版。
17. 姜明安主编：《行政执法研究》，北京大学出版社 2004 年版。

18. 肖金明、冯威主编:《行政执法过程研究》,山东大学出版社 2008 年版。

19. 莫于川等:《行政执法新思维》,中国政法大学出版社 2017 年版。

20. 王旭:《行政法解释学研究:基本原理、实践技术与中国问题》,中国法制出版社 2010 年版。

21. 李洪雷:《行政法释义学:行政法学理的更新》,中国人民大学出版社 2014 年版。

22. 叶必丰:《行政行为原理》,商务印书馆 2019 年版。

23. 叶必丰:《行政法的人文精神》,北京大学出版社 2005 年版。

24. 包万超:《行政法与社会科学》,商务印书馆 2011 年版。

25. 孙笑侠:《法律对行政的控制——现代行政法的法理解释》,山东人民出版社 1999 年版。

26. 章志远:《部门行政法专论》,法律出版社 2017 年版。

27. 傅红伟:《行政奖励研究》,北京大学出版社 2003 年版。

28. 薛刚凌主编:《行政主体的理论与实践——以公共行政改革为视角》,中国方正出版社 2009 年版。

29. 钱宁峰:《行政组织法立法论研究》,东南大学出版社 2015 年版。

30. 王霁霞:《行政法实施效果研究:以行为主体的利益选择为视角》,中国法制出版社 2012 年版。

31. 吕忠梅主编:《环境资源法》,中国政法大学出版社 1999 年版。

32. 吕忠梅:《环境法新视野》(修订版),中国政法大学出版社 2007 年版。

33. 常纪文、王宗廷主编:《环境法学》,中国方正出版社 2003 年版。

34. 常纪文、杨朝霞:《环境法的新发展》,中国社会科学出版社 2008 年版。

35. 李铮:《环境行政处罚权研究》,中国环境科学出版社 2012 年版。

36. 周珂主编:《环境法学研究》,中国人民大学出版社 2008 年版。

37. 王曦编著:《国际环境法》(第 2 版),法律出版社 2005 年版。

38. 徐祥民等:《国际环境法基本原则研究》,中国环境科学出版社 2008 年版。

39. 高小平:《政府生态管理》,中国社会科学出版社 2007 年版。

40. 谢新水:《作为一种行为模式的合作行政》,中国社会科学出版社 2013

年版。

41. 范俊玉：《区域生态治理中的政府与政治》，广东人民出版社 2011 年版。

42. 向俊杰：《我国生态文明建设的协同治理体系研究》，中国社会科学出版社 2016 年版。

43. 马海龙：《京津冀区域治理：协调机制与模式》，东南大学出版社 2014 年版。

44. 王凤鸣等：《京津冀政府协同治理机制创新研究》，人民出版社 2018 年版。

45. 冯玉军主编：《京津冀协同发展立法研究》，法律出版社 2019 年版。

46. 冯玉军主编：《区域协同立法理论与实践》，法律出版社 2019 年版。

47. 刘晓斌：《协同治理：长三角城市群大气环境改善研究》，浙江大学出版社 2018 年版。

48. 杨华锋：《协同治理——社会治理现代化的历史进路》，经济科学出版社 2017 年版。

49. 孙迎春：《发达国家整体政府跨部门协同机制研究》，国家行政学院出版社 2014 年版。

50. 赖先进：《论政府跨部门协同治理》，北京大学出版社 2015 年版。

51. 贾春增主编：《外国社会学史》（修订本），中国人民大学出版社 2000 年版。

52. 陶希东：《中国跨界区域管理：理论与实践探索》，上海社会科学院出版社 2010 年版。

53. 楼继伟：《中国政府间财政关系再思考》，中国财政经济出版社 2013 年版。

54. 陈新民：《德国公法学基础理论》（增订新版），法律出版社 2010 年版。

55. 罗豪才、毕洪海编：《行政法的新视野》，商务印书馆 2011 年版。

56. 王名扬：《美国行政法》，北京大学出版社 2016 年版。

57. 刘剑雄：《财政分权、政府竞争与政府治理》，人民出版社 2009 年版。

58. 刘克崮、贾康主编：《中国财税改革三十年亲历与回顾》，经济科学出版社 2008 年版。

59. 汪劲:《环境法治的中国路径:反思与探索》,中国环境科学出版社 2011 年版。

60. 汪劲主编:《环保法治三十年:我们成功了吗——中国环保法治蓝皮书(1979—2010 年)》,北京大学出版社 2011 年版。

61. 叶林:《空气污染治理国际比较研究》,中央编译出版社 2014 年版。

62. 周厚丰:《环境保护的博弈》,中国环境科学出版社 2007 年版。

63. 周黎安:《转型中的地方政府:官员激励与治理》,格致出版社、上海人民出版社 2008 年版。

64. 张维迎:《博弈论与信息经济学》,格致出版社、上海三联书店、上海人民出版社 2012 年版。

65. [美] 罗伯特·K. 默顿:《社会理论和社会结构》,唐少杰等译,译林出版社 2015 年版。

66. [美] 卡洛琳·麦茜特:《自然之死——妇女、生态和科学革命》,吴国盛等译,吉林人民出版社 1999 年版。

67. [美] 尤金·巴达赫:《跨部门合作:管理"巧匠"的理论与实践》,周志忍、张弦译,北京大学出版社 2011 年版。

68. [美] E. S. 萨瓦斯:《民营化与公私部门的伙伴关系》,周志忍等译,中国人民大学出版社 2002 年版。

69. [美] 曼瑟尔·奥尔森:《集体行动的逻辑》,陈郁、郭宇峰、李崇新译,格致出版社、上海三联书店、上海人民出版社 2014 年版。

70. [美] 埃里克·弗鲁博顿、[德] 鲁道夫·芮切特:《新制度经济学:一个交易费用分析范式》,姜建强、罗长远译,上海三联书店、上海人民出版社 2006 年版。

71. [美] 奥利弗·E. 威廉姆森:《资本主义经济制度》,段毅才、王伟译,商务印书馆 2004 年版。

72. [美] 多丽斯·A. 格拉伯:《沟通的力量——公共组织信息管理》,张熹珂译,复旦大学出版社 2007 年版。

73. [美] 理查德·B. 斯图尔特:《美国行政法的重构》,沈岿译,商务印书馆 2011 年版。

74. [美] 诺内特、塞尔兹尼克:《转变中的法律与社会》,张志铭译,中国政法大学出版社 1994 年版。

75. ［美］珍妮特·V. 登哈特、罗伯特·B. 登哈特：《新公共服务：服务，而不是掌舵》（第 3 版），丁煌译，中国人民大学出版社 2016 年版。

76. ［美］朱迪·弗里曼：《合作治理与新行政法》，毕洪海、陈标冲译，商务印书馆 2010 年版。

77. ［美］罗伯特·阿格拉诺夫、迈克尔·麦圭尔：《协作性公共管理：地方政府新战略》，李玲玲、鄞益奋译，北京大学出版社 2007 年版。

78. ［美］埃莉诺·奥斯特罗姆：《公共事物的治理之道》，余迅达、陈旭东译，上海三联书店 2000 年版。

79. ［奥］凯尔森：《法与国家的一般理论》，沈宗灵译，商务印书馆 2013 年版。

80. ［日］交告尚史等：《日本环境法概论》，田林、丁倩雯译，中国法制出版社 2014 年版。

81. ［日］盐野宏：《行政组织法》，杨建顺译，北京大学出版社 2008 年版。

82. ［法］皮埃尔·卡蓝默、让·弗雷斯、瓦莱里·加朗多：《破碎的民主：试论治理的革命》，高凌瀚译，生活·读书·新知三联书店 2005 年版。

83. ［英］卡罗尔·哈洛、理查德·罗林斯：《法律与行政》，杨伟东等译，商务印书馆 2004 年版。

84. ［英］拉尔夫·达仁道夫：《现代社会冲突》，林荣远译，中国社会科学出版社 2000 年版。

85. ［英］威廉·韦德：《行政法》，徐炳等译，中国大百科全书出版社 1997 年版。

86. ［英］艾伦·斯温杰伍德：《社会学思想简史》，陈玮、冯克利译，社会科学文献出版社 1988 年版。

87. ［英］马丁·洛克林：《公法与政治理论》，郑戈译，商务印书馆 2002 年版。

88. ［德］马克斯·韦伯：《经济与社会》，［德］约翰内斯·温克尔曼整理，林荣远译，商务印书馆 1997 年版。

89. ［德］哈特穆特·毛雷尔：《行政法学总论》，高家伟译，法律出版社 2000 年版。

90. ［德］哈贝马斯：《公共领域的结构转型》，曹卫东等译，学林出版社 1999 年版。

91. ［德］赫尔曼·哈肯：《协同学：大自然构成的奥秘》，凌复华译，上海译文出版社 2005 年版。

92. ［德］汉斯·J. 沃尔夫、奥托·巴霍夫、罗尔夫·施托贝尔：《行政法》（第 3 卷），高家伟译，商务印书馆 2007 年版。

93. Perri 6 et al., *Towards Holistic Governance: the New Reform Agenda*, Palgrave, 2002.

94. Patrick Dunleavy, *Digital Era Governance: IT Corporations, the State, and E-Government*, Oxford: Oxford University Press, 2006.

95. Lieberthal. K, D. M. Lampton, *Bureaucracy, Politics, and Decision Making in Post-Mao China*, Berkeley: University of California Press, 1992.

96. Flynn, Norman, *Public Sector Management*, Sage Publications, 2012.

97. Richard Heeks, *Reinventing Government in the Information Age: International Practice in IT Enabled Public Sector Reform*, NewYork: Routledge, 2001.

98. Percival R V, Schroeder C H, Miller A S, *Environmental Regulation: Law, Science, and Policy*, New York: Aspen Publishers, 2013.

99. Silvana Dalmazzone, *Decentralization and Environment*, Edward Elgar Press, 2006.

论文、文章类

1. 李洪雷："面向新时代的行政法基本原理"，载《安徽大学学报（哲学社会科学版）》2020 年第 3 期。

2. 马怀德："健全综合权威规范的行政执法体制"，载《中国党政干部论坛》2013 年第 12 期。

3. 杨志安、邱国庆："区域环境协同治理中财政合作逻辑机理、制约因素及实现路径"，载《财经论丛》2016 年第 6 期。

4. 李冰强："区域环境治理中的地方政府：行为逻辑与规则重构"，载《中国行政管理》2017 年第 8 期。

5. 胡中华："关于完善环境区域协同治理制度的思考"，载《法学论坛》
2020 年第 5 期。

6. 司林波、裴索亚："跨行政区生态环境协同治理的绩效问责过程及镜
鉴——基于国外典型环境治理事件的比较分析"，载《河南师范大学学
报（哲学社会科学版）》2021 年第 2 期。

7. 周悦丽："整体政府视角下的京津冀区域执法协同机制研究"，载《首都
师范大学学报（社会科学版）》2017 年第 4 期。

8. 冯汝："跨区域环境治理中纵向环境监管体制的改革及实现——以京津
冀区域为样本的分析"，载《中共福建省委党校学报》2018 年第 8 期。

9. 李肆、包晓斌："京津冀地区大气污染协同治理的实践困境及其破解路
径"，载《改革》2021 年第 2 期。

10. 马捷、锁利铭："城市间环境治理合作：行动、网络及其演变——基于
长三角 30 个城市的府际协议数据分析"，载《中国行政管理》2019 年
第 9 期。

11. 吴建南等："中国区域大气污染协同治理机制何以奏效？来自长三角的
经验"，载《中国行政管理》2020 年第 5 期。

12. 王芳："冲突与合作：跨界环境风险治理的难题与对策——以长三角地
区为例"，载《中国地质大学学报（社会科学版）》2014 年第 5 期。

13. 周伟："黄河流域生态保护地方政府协同治理的内涵意蕴、应然逻辑及
实现机制"，载《宁夏社会科学》2021 年第 1 期。

14. 林永然、张万里："协同治理：黄河流域生态保护的实践路径"，载
《区域经济评论》2021 年第 2 期。

15. 李景豹："论黄河流域生态环境的司法协同治理"，载《青海社会科学》
2020 年第 6 期。

16. 黄锡生、王江："中国环境执法的障碍与破解"，载《重庆大学学报
（社会科学版）》2009 年第 1 期。

17. 王树义、郑则文："论绿色发展理念下环境执法垂直管理体制的改革与
构建"，载《环境保护》2015 年第 23 期。

18. 胡苑："论威慑型环境规制中的执法可实现性"，载《法学》2019 年第

11 期。

19. 谭溪："我国地方环保机构垂直管理改革的思考"，载《行政管理改革》2018 年第 7 期。

20. 李爱年、陈樱曼："生态环境保护综合行政执法的现实困境与完善路径"，载《吉首大学学报（社会科学版）》2019 年第 4 期。

21. 李惠茹、杨丽慧："京津冀生态环境协同保护：进展、效果与对策"，载《河北大学学报（哲学社会科学版）》2016 年第 1 期。

22. 高利红、徐玺："比例原则视角下环境行政执法规范化研究——以环境保护查封、扣押为切入点"，载《东南学术》2021 年第 3 期。

23. 公丕祥："法治中国进程中的区域法治发展"，载《法学》2015 年第 1 期。

24. 肖爱、李峻："协同法治：区域环境治理的法理依归"，载《吉首大学学报（社会科学版）》2014 年第 3 期。

25. 李煜兴："区域行政的兴起与行政法的发展变迁"，载《武汉大学学报（哲学社会科学版）》2018 年第 4 期。

26. 李煜兴："区域行政法初论"，载《行政法学研究》2009 年第 4 期。

27. 刘云甫、朱最新："论区域府际合作治理与区域行政法"，载《南京社会科学》2016 年第 8 期。

28. 刘云甫："区域行政行为的内涵及其法律规制初探"，载《南京社会科学》2019 年第 4 期。

29. 朱最新、刘云甫："法治视角下区域府际合作治理跨区域管辖组织化问题研究"，载《广东社会科学》2019 年第 5 期。

30. 范文进："论回应型行政法的建立及其路径选择"，载《社科纵横》2014 年第 11 期。

31. 石佑启、朱最新："论区域府际合作治理与公法变革"，载《江海学刊》2013 年第 1 期。

32. 叶必丰："区域协同的行政行为理论资源及其挑战"，载《法学杂志》2017 年第 3 期。

33. 叶必丰："区域合作的现有法律依据研究"，载《现代法学》2016 年第 2 期。

34. 叶必丰："论行政机关间行政管辖权的委托"，载《中外法学》2019 年第 1 期。

35. 金国坤："行政执法机关间协调配合机制研究"，载《行政法学研究》2016 年第 5 期。

36. 王超锋："我国区域环境执法的模式探究"，载《甘肃政法学院学报》2017 年第 6 期。

37. 杨小敏："论我国流域环境行政执法模式的理念、功能与制度特色"，载《浙江学刊》2018 年第 2 期。

38. 邓小兵："跨部门与跨区域环境资源行政执法机制的整合与协调"，载《甘肃社会科学》2018 年第 2 期。

39. 张明皓："环保督察背景下基层政府的环境治理逻辑"，载《华中农业大学学报（社会科学版）》2020 年第 4 期。

40. 曾娜："从协调到协同：区域环境治理联合防治协调机制的实践路径"，载《西部法学评论》2020 年第 2 期。

41. 肖萍、卢群："跨行政区协同治理'契约性'立法研究——以环境区域合作为视角"，载《江西社会科学》2017 年第 12 期。

42. 张咏："论行政检查启动的规范化路径——以警察行政检查为例证"，载《行政法学研究》2020 年第 2 期。

43. 夏雨："责令改正之行为性质研究"，载《行政法学研究》2013 年第 3 期。

44. 王俊敏、沈菊琴："跨域水环境流域政府协同治理：理论框架与实现机制"，载《江海学刊》2016 年第 5 期。

45. 郑巧、肖文涛："协同治理：服务型政府的治道逻辑"，载《中国行政管理》2008 年第 7 期。

46. 王超锋："跨区域大气污染执法：概念、特征及功能"，载《学术探索》2018 年第 3 期。

47. 魏娜、孟庆国："大气污染跨域协同治理的机制考察与制度逻辑——基于京津冀的协同实践"，载《中国软科学》2018 年第 10 期。

48. 邓海峰："生态法治的整体主义自新进路"，载《清华法学》2014 年第 4 期。

49. 叶海涛："生态环境问题何以成为一个政治问题？——基于生态环境的公共物品属性分析"，载《马克思主义与现实》2015 年第 5 期。

50. 竺乾威："大部制改革与权力三分"，载《行政论坛》2014 年第 5 期。

51. 晋海、周龙："论我国环境法的实施困境及其出路——以阿马蒂亚·森的发展理论为视角"，载《河海大学学报（哲学社会科学版）》2014 年第 1 期。

52. 薄晓波："论环境法的生态系统整体保护原则"，载《吉首大学学报（社会科学版）》2014 年第 1 期。

53. 邢华："我国区域合作的纵向嵌入式治理机制研究：基于交易成本的视角"，载《中国行政管理》2015 年第 10 期。

54. 关保英："新时代背景下行政法功能重构"，载《社会科学研究》2018 年第 5 期。

55. 关保英："行政主体法外设定行政权力研究"，载《当代法学》2016 年第 6 期。

56. 罗豪才、袁曙宏、李文栋："现代行政法的理论基础——论行政机关与相对一方的权利义务平衡"，载《中国法学》1993 年第 1 期。

57. 王贵松："作为利害调整法的行政法"，载《中国法学》2019 年第 2 期。

58. 马姝："论功能主义思想之于西方法社会学发展的影响"，载《北方法学》2008 年第 2 期。

59. 武俊伟、孙柏瑛："我国跨域治理研究：生成逻辑、机制及路径"，载《行政论坛》2019 年第 1 期。

60. 魏娜、赵成根："跨区域大气污染协同治理研究——以京津冀地区为例"，载《河北学刊》2016 年第 1 期。

61. 谭宗泽、杨靖文："面向行政的行政法及其展开"，载《南京社会科学》2017 年第 1 期。

62. 李洪雷："深化改革与依法行政关系之再认识"，载《法商研究》2014 年第 2 期。

63. 姚锐敏："简论行政委托的规范化和法制化"，《行政与法（吉林省行政学院学报）》2001 年第 6 期。

64. 黄娟："行政委托内涵之重述"，载《政治与法律》2016 年第 10 期。

65. 杨龙、彭彦强："理解中国地方政府合作——行政管辖权让渡的视角"，载《政治学研究》2009 年第 4 期。

66. 赖先进："行政执法中跨部门协同存在的问题及其改进"，载《福建行政学院学报》2018 年第 6 期。

67. 李萱、沈晓悦、夏光："中国环保行政体制结构初探"，载《中国人口·资源与环境》2012 年第 1 期。

68. 田玉麒、陈果："跨域生态环境协同治理：何以可能与何以可为"，载《上海行政学院学报》2020 年第 2 期。

69. 周黎安："中国地方官员的晋升锦标赛模式研究"，载《经济研究》2007 年第 7 期。

70. 张建林："纵向压力、资源依赖和交易成本：地方政府合作政策制定过程的一个分析框架"，载《广州大学学报（社会科学版）》2016 年第 5 期。

71. 石晋昕、杨宏山："府际合作机制的可持续性探究：以京津冀区域大气污染防治为例"，载《改革》2019 年第 9 期。

72. 陈家建："督查机制：科层运动化的实践渠道"，载《公共行政评论》2015 年第 2 期。

73. 孙佑海："影响环境资源法实施的障碍研究"，载《现代法学》2007 年第 2 期。

74. 刘剑文、侯卓："事权划分法治化的中国路径"，载《中国社会科学》2017 年第 2 期。

75. 文正邦："法治中国视阈下的区域法治研究论要"，载《东方法学》2014 年第 5 期。

76. 吕普生："中国行政执法体制改革 40 年：演进、挑战及走向"，载《福建行政学院学报》2018 年第 6 期。

77. 朱未易："对中国地方纵横向关系法治化的研究"，载《政治与法律》2016 年第 11 期。

78. Andrew Dunsire, "Holistic Governance", *Public Policy and Administration*, 1（1990）.

79. Rhodes R A W, "The New Governance: Governing without Government", *Political Studies*, 4 (1996).

80. Kettl D F, "Managing Boundaries in American Administration: the Collaboration Imperative", *Public Administration Review*, 66 (2006).

81. Imperial, Mark T, "Using Collaboration as a Governance Strategy: Lessons from Six Watershed Management Programs", *Administration and Society*, 3 (2005).

82. Sterner T, "Gasoline Taxes: A Useful Instrument for Climate Policy", *Energy Policy*, 6 (2007).

83. Avkiran N K, "Decomposing Technical Efficiency and Window Analysis", *Studies in Economics and Finance*, 22 (2013).

85. Faguet J P, "Does Decentralization Increase Government Responsiveness to Local Needs?", *Journal of Public Economics*, 88 (2004).

86. Kotera G, Okada K, Samreth S, "Government Size, Democracy, and Corruption: an empirical investigation", *Economic Modelling*, 6 (2012).

87. Lee M, "The Effect of Environmental Regulations: a Restricted Cost Function for Korean Manufacturing Industries", *Environment and Development Economics*, 12 (2007).

88. Liu WenFang, Stephen J T, "Consumption Externalities, Production Externalities, and Long-run Macroeconomic Efficiency", *Journal of Public Economics*, 89 (2005).

89. Ward H, John P, "Competitive Learning in Yardstick Competition: Testing Models of Policy Diffusion With Performance Data", *Political Science Research & Methods*, 1 (2013).

90. Weingast B R, "Second Generation Fiscal Federalism: The Implication of Fiscal Incentives", *Journal of Urban Economics*, 65 (2009).

91. Grisorio M J, Prota F, "The Impact of Fiscal Decentralization on the Composition of Public Expenditure: Panel Data Evidence from Italy", *Regional Studies*, 49 (2015).

92. Sigman H, "Decentralization and Environmental Quality: an International A-

nalysis of Water Pollution", *Land Economics*, 1 (2014).

93. Sterner T, "Gasoline Taxes: a Useful Instrument for Climate Policy", *Energy Policy*, 6 (2007).

94. Stoilova D, Patonov N, "Fiscal Decentralization: Is It a Good Choice for the Small New Member States of the EU? ", *Annals of the Alexandru Ioan Cuza University-Economics*, 1 (2013).